山と生きた裁判官

その人生と山旅の記録

清雄策

22世紀アート

山に癒される

序にかえて—遥かなり、我が青春の穂高

私が初めて山らしい山に登ったのは、昭和二十八年四月末から五月初めの徳本峠越えであった。

前年の春に工業高校を卒業して、東京芝浦電気富士工場に就職した。同期の山内がこの山行を言い出し、芦沢を加えた三人パーティーとなった。

思えば、山というものを全く知らない、危険極まりない行動であった。装備といえば給料の大半を費やして購入したピッケル、キスリング、それに軍用毛布を母にミシンで改良してもらった寝袋のみで、肝腎の靴は布製のバスケットシューズを簡単にパラフィン加工

した程度のものでしかなかった。

穂高を目指し、夜立ち四泊五日の日程であった。最近と異なり当時は山に関する情報が極めて少なく、地図以外に満足なガイドブックもなかった。山歩きをしていた山内の兄からさまざまな情報を伝え聞くことはあったが、雪山の経験もない二十歳未満の我々三人パーティーの力量は知れたもので、アクシデントに遭遇すれば無謀登山とそしられても致し方ないものであった。

静岡を夕方発って、身延線経由で甲府から中央線に乗り換える。ＳＬのノスタルジックな汽笛に不安を駆り立てられながら深夜の信濃路を走り抜

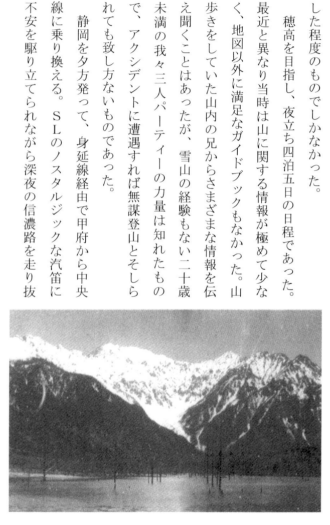

けて、翌朝松本駅に着いた。ここからは松本電鉄で島々に向かう。初めて見る安曇野のたおやかな田園風景は、今なお忘れ難く瞼の底に焼き付いている。

当時の松電の終点は現在の島々宿であった。駅には連休の初めだというのにほとんど人影はなかった。宿場を外れ、満開を過ぎた桜の花びらが舞い落ちる中を、島々谷に沿って歩き始める。付近で遊んでいた子供らが我々を見て「山登りの人だ」と歓迎の意をこめて言ってくれたまではよかったが、よくよく観察してから再び「初めての人か」と多少のさげすみの眼差しでつぶやいた。子供にさえすぐに見破られてしまう程の、経験の浅さである。それを鋭く突かれてひどく傷付き、又、内心は闘争心と反省が入り混じって複雑な思いであった。

沢沿いの道は次第に狭まり雪が多くなる。五日分の食糧で膨らんだ荷物が肩にくい込む。米に干し魚、海苔、缶詰などのほか、どのような食糧計画であったか今は記憶が定かでない。

島々谷が南沢と北沢に分岐する所では、大きく南沢に沿って左折し、その右岸をひたすら歩く。その辺りから雪が道から谷底を一面に覆っている。斜面をトラバースする恰好で、ピッケルで確保しながらの歩行であった。そのために歩程は延びず、時計の針のみがいたずらに午後の文字盤を突き進んでいく。

突然キスリングが傾いて重心が谷側に偏った。ピッケルの石突きが空を切る。体が谷底へ向かう斜面に放り出された。あっという間に三、四メートル滑る。仲間が「制動」「制動」と声を掛ける。不安定になった荷重に妨げられて、雪面に対して左半身に重心を持ってくるのが難しい。辛うじてピックを身体

ごと雪の斜面に引っ掛ける。ジ、ジ、ジィーと堅雪の表面を掻き削った後、ピックの先が深くくい込んで静止した。六、七メートル程の落下に過ぎなかったが、もし止まらなかったならば、加速がついて十四、五メートル下の沢に落下していたであろう。そう思うと、怪我がなかったことは実に僥倖（ぎょうこう）であった。

再び道は南沢に下りゴーロ状の沢を遡行する。岩魚留小屋はこの辺りのはずだがなかなか見つからない。次第に夕暮れが迫る。やむなく大岩の陰でビバークすることに決め、芦沢とその準備にかかり、山内が流木集めをかねて上流を偵察する。ものの一、二分後に山

内の声がした。何と五十メートル足らず先の左岸の高みに、小屋はあったのだ。
そのときの小屋は大邸宅に匹敵する程に立派に見えた。もちろん小屋には誰もいない。真ん中に炉が切ってある。壁際にはひと冬分の薪がきれいに整頓されて積み上げられている。急速に冷え込んでくる中で、早速火を起こし飯を炊く。今日は一日高曇りの空から何も落ちてこなかった。ひと晩中交替で火を絶やさないことにして、炉に放射状に足をむけて特製寝袋にもぐる。雪解けの沢の流れが轟々と響いてくる。とき折り炉にくべた薪がはぜて大きく灰を吹き上げる。これが生まれて初めての、山小屋での一夜であった。

翌朝は青空が広がっていた。小屋を出て間もなく、滝を越して左岸を登り始めたころから雪の量が急に増える。そして間もなく辺りは白一色の雪の世界となった。足の指は温まるどころか冷え込んでくる。踏み跡もなくひたすら沢沿いに登る。谷底から見上げる空は狭い。

正午ごろ突然雪が降り出し、視界が利かなくなる。徳本峠へは南沢を詰めて直角に近く右折するのだが、深雪と折り悪しき降雪に妨げられて、正面の沢に迷い込んでしまった。それと気が付いたのは、雪が止んで周囲の状況がつかめるようになってからのことで、二時間近くも経っていた。ただちに引き返す。三時間くらいのロスタイム。

正規のルートに戻って登りがきつくなったところ、早稲田大学の山岳部のパーティー数名が、もたもたしている我々を追い越して、あっという間に斜面の彼方へ消えていった。まだ二メートル近くある雪の中で、先行者のラッセルが我々を勇気付け、かつエネルギーの消耗を防いだことはいうまでもない。峠近くの斜面は相当にきつかったがほとんど直登した。

午後四時ごろ、前面が開けて、鋭く屹立した雪の穂高の山塊が目に飛び込んだ。それは山を初めて見る者にとっては、自然に対する畏敬の念を惹き起こさずにはいられない程の圧巻であった。

徳本峠小屋は屋根の一部が辛うじて見えるだけで雪の中に埋まっていた。屋根裏への入り口を捜し当てて潜りこむ。冷たく湿った空気が充満していたが、火を焚くとたちまち中は温まった。小屋の中は、今では考えられない程に冬季入山者への配慮が窺われた。今夜も我々三人のみ。先行したパーティーは徳沢に抜けたのであろう。我々は丸二日雪の山中を彷徨して、既に充分に満たされていた。そして我々の力量では涸沢までも容易でないことを知り、後は上高地を散策して下山しようということになった。

翌日も快晴であった。穂高の景観との名残を惜しみながら白沢を下り、明神池付近をぶらぶらした。人っ子ひとりいない梓川の河原で、明るい五月の陽光にきらきら光る透明な、手の切れそうに冷たい水で米を研ぎ、枯れ枝を集めてゆっくり飯を炊いた。実にうまい昼食であった。

河童橋付近にも人影はなかった。梓川のせせらぎが静けさをいっそう際立たせていた。大正池の畔りに一軒だけあった宿屋に泊まることにした。米持参でなければ食事ができないとのことであったが、幸い米はたくさん残っていた。宿泊者はここでも我々三人だけであった。二階の部屋からは噴煙を上げる焼岳が望まれ、その影を静かに池の水面に落としていた。三日ぶりに風呂に入り少しばかりの酒で御馳走を食べ、ふとんでゆっくり休む。今となっては、その夜の夢は忘却の彼方であるが、まだ大人になり切れないころの、ひたすらに幼い夢であったことであろう。

明くる日も好天に恵まれた。釜トンネルは雪で固めてあった。沢渡までの間雪のトンネルを幾つか抜けた。沢渡から島々までバス。そしてその日の夜遅く静岡に帰りついた。

そのころの五月連休の上高地が、これ程までに静かであったことを知る人は少なくなった。まさに隔世の感である。

（昭和六十三年七月十日　夏山二十周年記念覚書）

目次

第一章

遅れてきた裁判官

一、家庭裁判所調査官として

非行少年との関わり

私は人間に興味があった。人間一般というより、まず自分自身を徹底して知ることを欲した。自分のエゴ、自我というものを追及したかった。それが私における心理臨床の出発点である。

調査官になるための試験で、受験科目に心理学を選択した二十四人のうち、私の成績は二十四番目であった。文字どおり最低の合格結果であったが（いや、それ故にこそというべきかも知れない）、物心両面における私自身の生きる糧を、家庭裁判所調査官という仕事に求めた。

家庭に光を、少年に愛を

昭和三十四年四月一日、静岡家庭裁判所において、私の少年たちとの関わりが始まる。家庭裁判所は、昭和二十四年に発足した新しい裁判所で、司法権に属する国の機関である。民事、刑事事件を、原則として公開の法廷で審理する伝統的な裁判所と異なり、家庭裁判所は原則として非公開である。非公開の審判廷又は調停室で、非行少年あるいは一定の親族関係にある当事者を対象として、審理または調停する。その掲げる標語「家庭に光を、少年に愛を」は、当初からのモットーである。当時の家裁調査官たちそれぞれの専攻科目は、心理学のほか社会学、教育学であったが、昭和四十年代に入って社会福祉学が加わった。

家裁調査官はその専攻が示すとおり、罪を犯して家庭裁判所に送致される少年たちを、どのような処分にしたらよいか決定するための、資料収集を行う。そして究極においては、再び犯罪を犯す可能性を減少又は消滅させるための手段や方法を、心理学、社会学、教育学的立場から検討し、法律の専門家である裁判官に意見提出し、選択決定させるのである。

調査官が提出する少年に対する処遇意見の構成について、私は次のように考えていた。

第一に、犯罪事実そのものを手掛かりとして、被害結果の大小、被害結果回復の可能性、犯罪行為が単独犯か共犯か、偶発的か、計画的かなどの態様、そして手口などから推認される「犯罪的危険性の大小」。

第二に中学、高校、養護施設などの各種公的機関への照会回答、少年鑑別所における鑑別結果、自ら実施する心理テスト結果などによる、少年の資質に基づく「教育可能性」。

第三に家庭の経済状態、家族関係、監護能力あるいは職場の雇い主の熱意、環境などから、どの程度の「保護能力」があるかである。

この処遇意見を決定するために最も重要な手段は、少年及び保護者との面接である。しかし、常に多くの事件処理を担当するため、その大半はただ一回の面接で処理しなければならない。それ故に調査官にとってはこの面接がその仕事の中核であり、その結果がときには対象者の将来までも決することになる。

ところでこれまでの私の生育史の中には、およそ全体を枠として、あるいは抽象的人間を基準として、ものを考える、という発想がなかった。法律という学問にもほとんど接したことがなかった。

次弟が法律学専攻であったので、学生時代に帰省の折りなどに話したことがあったが、議論が噛み合わなかった。私は、個々の人間を離れたフィクションの世界で、果たして人間存在そのものにアプローチできるのであろうかと疑ってしまう。彼は彼で私に対して、私の考える人間像は天賦人権説的な見方に止まり、現実の社会生活において組織的社会的に活動する人間ではないという。

要するに、私はあくまでも個そのものの存在にこだわり、彼は全体なり組織の枠内における個を議論の対象としていたのであろう。

私は家庭裁判所に入って、法律学的な発想と心理学的な発想との違いを、いやという程に知らされた。

少年犯罪を取り扱うには、まず犯罪とは何かが問われなければならない。当然刑法、刑事訴訟法、その特別法である少年法など刑事法の基本的な知識の習得が、調査官の役割機能を果たす上で必須であることを知った。刑法第二編罪の各条に規定する行為、たとえば第二三五条の「他人の財物を窃取する」という犯罪の定型を示す行為は、同時に違法な行為と推定される。その行為が違法であることについて認識の可能性すらない心神喪失者や、是非弁別能力の未熟から一律に刑事未成年とする十四歳未満の者、あるいは軍隊における上官の絶対命令下でなされたなどの事情がある場合のほかは、ドロボーは犯罪であると規定されるのである。

と、このようにいっても、ごく一般の人々の頭には、すらすらと入ってはいかないであろう。それは私にとっても全く同様であったのである。このようにして私は否応なしに法律、特に刑事法にアプローチする必要に迫られ、従来の発想法からの転換を強いられたが、なかなかそれに親しむことができなかった。

私は昭和三十五年三月に結婚し、翌年秋に長女が、四十年には長男が生まれていた。長女が生まれた昭和三十六年には、二月から十二月まで家庭裁判所調査官研修所において、面接技法を中心とした実務に必要な関係諸科学の研修期間があった。この養成期間を経て家庭裁判所調査官として一人前になる。既に固まっていた私の自我の在り方について、同期の鈴木調査官に「名誉あるエゴイストとして調研（調査官研修所の略）ピカ一」と鋭く寸描されたのも、当時のことである。

草むらに転がった風呂敷包み

ところで、少年非行の発生率は昭和三十九年前後に戦後二度目のピークを迎え、未熟者の私にとっては心身ともに余裕のない日々が続いた。

たとえば、このような少年事件に接した。

Ａ少年は中学卒業後土工飯場で働いていたが、小遣銭に窮し仲間の金銭を盗んだことで逮捕され、少年鑑別所に収容された。両親と死別し姉とともに養護施設で成長したＡは、姉が結婚して別所帯を持ったので、ひとり立ちしなければならない。幸い、姉の夫が土木関係の下請けに従事していて、その手元で監督しながら仕事をさせるとの意向があったので、姉夫婦の家庭を調査するため訪問した。

工事道具や資材置場の二階が姉夫婦の住居になっていた。差し出された座布団は擦り切れて黒い綿がはみ出し、その傍らに乳児が眠っている。姉弟の生育史などを尋ねるうち、ふと姉の視線が私の傍らに逸れた。見れば、申し分けなさそうなその視線の先に、ノミが一匹跳びはねていた。と見るや素早い動作でこれを捕らえ爪で潰した。そのときの姉の視線の中に垣間見た、自分の置かれた状況に対するやるせない哀しみが、私の胸に焼き付いた。

　A少年は審判の結果、保護観察所の指導監督に服することになった（少年法二四条一項一号）。義兄のもとで働き始めたA少年は、その後罪を犯すことなく、私の前に再び現れることはなかった。

　そのころ次のような体験もあった。

　B少年は強姦未遂事件で少年鑑別所に収容され、心身の鑑別を経た上で、神奈川県の補導委託施設に委託されて三ヵ月間様子を見ることになった。私は最終処遇決定の資料を得るために、Bの家庭調査に赴いた。

　Bの家は、F市からバスで三十分以上の、標高五〇〇メートルの富士山麓にある農家であった。父親は青年団活動からスタートし、地区の農業振興のリーダー的立場で活躍していた。その分母親に農業労働の負担が相当にかかっているように見えた。家族は祖父母、両親に中学生の妹であった。母親は単に労働の負担のみでなく、家族関係の中で抑圧されており、暗い気分に覆われ、ほとんど自発的な行動がなく夫の指示に諾々と従っていた。
約束の訪問時間は午後であった。訪ねると祖母が出て、両親は近くの畑で収穫している
から呼んでくるという。私はそれを断って高原の畑に登っていった。よく晴れた空に富士
山が大きくのしかかり、辺り一面にそばの白い花が咲きこぼれていた。それは木下恵介監
督の映画のひとこまを思わせる、明るく伸びやかな叙情的光景であった。
しかしＢの精神の発達過程には、この自然はほとんど反映しなかったのであろう。母は
嫁の立場で感情を素直に表現できずただ夫に従い、幼いころからＢの心の隙間を埋めるだ
けの精神的余裕はなかった。調査を終了しての帰りしな、母親が近くのバス停留所まで送
ってきた。バスを待つ間、ポツリポツリと話す家族内の話は、日ごろ感情を押し殺した生
活に耐えている様子を垣間見せるものであった。この母には家庭内における発言権は皆無
であった。私にはその抑えようもない「話したい」という彼女の思いが、手に取るように
伝わってきた。

やがてバスが田舎道を、土埃を巻き上げてやってきた。そのときになって、母親は手にしていた風呂敷包みを私に差し出したのである。それはこの山の上まで訪ねてくれた感謝の印として、今朝がた夫婦でついた餅であった。この辺りの農家では、餅をついて差し出すことが最大のもてなし方なのである。しかし、当然のことながら、私はこの好意を受け取ることができない。その旨を告げて私はバスに乗り込んだ。すると母親はバスのステップの上にその包みを置いた。私たちのやりとりを聞いていた運転手は扉を閉じるべきか否か躊躇（ちゅうちょ）していた。咄嗟に私は包みをステップから払い落としてしまった。と同時にバスは扉を閉じて発車した。

窓ガラス越しに振り返ると、母親は困惑した悲しげな表情のまま、呆然とした眼差しで走り去っていくバスを見詰めていた。風呂敷包みはその足元の道端の草むらに転がっている。バスの乗客たちは、いずれも何事もなかったかのように口を固く閉ざしたままであった。

ハンセン病の非行少年を訪ねて

少年が再び罪を犯さないためには、その内面に自らの行為に対して加害者意識が芽生えなければならないと思う（この点を指摘した村松励の好論文がある。森武夫、郷古英男編著『日本型少年非行』創元社昭和五十七年）。

罪を犯した本人やその親兄弟が、社会に対して被害者意識を抱いている限り、容易に立ち直ることはできない。他人に害を与えたという意識の中にこそ転換の契機が潜んでいるのであって、自分は社会的被害者であるという思いがどこかに残ったままでは、そこから新たな人生は拓けないのではないかと思う。同様に、存在における時間の意識（時間は究極において死に帰着する）、即ちこの世に唯一回性で存在するという意味を理解することも、転換の契機となりうる。人それぞれに、その持ち時間は運命的に限られているのだ。

もちろんこれを伝えることは、私自身にとっても並大抵のことではない。しかしこの一端なりともを対象者に伝えないことには、私の仕事は成就しないのである。そのためには対象者の診断に止まることなく、共感し、共存する治療の領域に一歩踏み込まねばならないのである。

昭和四十年秋、ひとつの少年事件に関わった。

少年がハンセン病にかかっていたため、犯行地は三重県であったが御殿場市近郊の国立療養所に収容され、住居地を管轄する沼津へ事件が移送された。学生時代に読んだ、自身がハンセン病患者である北条民雄の『生命の初夜』は、極めてショッキングな記憶として残っていた。事案は軽微な窃盗事犯で被害も回復されている。病気故ではあるが少年自身が社会隔離されているので処遇もそれ以上に選択の余地はない。

事件担当を希望した私は、初めてハンセン病の国立療養所をこの目で見て体験した。旧国鉄御殿場線沿線の駅まで迎えにきてくれたジープに同乗して未舗装の林道を走り、富士の裾野の緩い起伏の山の端を廻った所に、忽然として全く別の社会共同体が現れた。木造の小住宅が整然と区画されて建ち、そこに売店、映画館、教会、墓地など、人が人生の終焉を迎えるまでに必要ないっさいの道具建てが揃っていたのである。ほとんど人気のない閑散とした通りであったが、各戸にはそれぞれ表札が掛かっていた。そのほとんどは世を忍ぶ仮の氏名とのことであった。

少年はわずかに眉が消えかかっていたが、当時の医療水準においてもそれ以上の病状進行はなく、社会復帰の可能性もあるといわれていた。私は少年の非行性そのものに対する処遇よりも、この病気故の社会隔離による、彼の人間としての未来に目を向けずにはいられなかった。

最近になって厚生省は、昭和三十年ごろにはハンセン病患者の隔離治療方法はその必要性がなくなっていた事実と、この方法の誤りを認めた。最近たまたま放映されたＮＨＫ番組に瀬戸内の国立療養所を訪れ、隔離の方法を改める旨を伝えたルポルタージュがあった。

その中で、隔離方法中止の経過を収容患者に報告して、島を去るとき厚生省の課長が口にした何気ないひと言、

「それにしてもここは風光明媚ですね」

これに対する患者代表者の言葉、

「そう思うのはせいぜい一週間もないでしょう。その後の三、四十年の歳月に、そんなものはいっさい関係ありません」

この両者の言葉に含まれる意味の落差は限りなく大きい。私にはこの課長の心情に、ほとんど一生を隔離されて生きてきた患者に対する共感性が、微塵も感じられなかった。エリート官僚の、人間存在の奥底に向けられる視線の鈍さを知ると同時に、そこには老いた隔離患者の精一杯抗う姿勢が見えたのである。

多くの事件はたった一回の面接調査で終結する。ときにはこれに裁判官による訓戒が加わって不処分となり、全事件の十五ないし二十パーセントは保護処分の対象になる。保護

処分には保護観察処分と少年院送致がある。後者は全体の約五パーセント程度である。

少年たちをあるがままに受け入れること

司法権の行使は常に受身である。従って、早期に発見できず深く非行性を潜在化してしまったケースでは、初回係属とはいってもその処遇決定が困難になる。たとえば、鉱山の地下深くの坑道で落盤に閉じ込められた鉱夫が、坑外からの救助の可能性を信じて生きているとき、その固い岩盤を通して伝わってくる微かな救助の信号は彼らを勇気付けるだろう。それと同じようにどんな事件であっても、少年たちはそれぞれにそのような救助の期待をどこかに抱いているのだということを信じなければ、私の仕事は成り立たない。そこに至るための道具として、結局「私自身」しかないと言い切れるまでに八年を要した。

いっさいの判断を停止して、対象をそのあるがままに見て受け入れる。概念的把握よりも直観の優位を主張したH・ベルグソンはこれをエ・ポケーといった。対象となる少年そのものの全てをあるがままに受容するということである。M・ハイデッガーの実存哲学とE・フッサールの現象学を基底として、これを精神医学の領域に取り込んだL・ビンスワンガーの現象学的人間理解の手法が当時盛んであった。

現実には「青い馬」は存在しない。しかしそれがキャンバスに描かれることがあり、それを見る者もそれを「馬」として認識する。月光に曝された白馬の本質がそのように捉えられたのかも知れない。あるいは疾走する奔馬の姿が画家の目に青い色彩を呼び込んだのかも知れない。いずれにせよそれは画家が捉えた対象の究極にある姿なのである。

物の本質を即座に把握することは、いかに自己を磨いても到達できるものではない。しかし、それを追い求めない限り自己自身を他に伝えることはできないと思う。「無」という禅語がある。己を空にするという。一遍上人の「捨棄の捨棄」、己を捨てる、その捨てようとする思いさえ捨てるということが、私のいき着いた道標であった。まさに至難の技である。

身をすつるすつる心をすてつればおもひなき世にすみ染めの袖

「……一遍は剰すことなく、残すことなく捨てたまことの捨聖であった。捨つる心をも捨てたとき、捨棄をも捨棄するという限りない行為の実践において、意外にも、また当然にも、他が他として実現し、その他の中へ自分がすっぽりと収まってゆくのが感じられた。己が計らい、心の計量を捨てたとき、自分が他者によって計られていることを実感し、さらに自他の区別が消えて計らいが計らいを計らっているという三昧世界を実感した」（唐木順三『日本人の心の歴史』上巻・筑摩書房昭和四十五年）

私は唐木順三のこの一節に出会ったとき、私が追い求めてきたものがそれ程見当違いな世界ではなかったことを知り、うちから溢れる歓喜を押さえることができなかった。ちなみに唐木氏は西田幾多郎門下で師島谷俊三教授の先輩にあたり、師のお宅で数多くの書簡の中に氏のそれを拝見したことがあった。私が氏の名前を初めて知ったのは、二十歳のころ闇雲に読んだ本の中の一冊、アテネ文庫の『自殺について』であった。

少年法二五条に試験観察という制度が規定されている。家庭裁判所が少年を少年院に収容するか否かの最終の処遇決定に先立って、相当期間(当時は平均して六ヵ月であった)、家裁調査官の観察に付して、生活態度などの様子を見るのである。私はこの制度のお蔭で実に多くのことを少年たちから学ぶことができた。基本的には私自身を道具として、具体的には手紙のやりとりや、知能の程度に応じて本を与える読書療法などを試みた。カッパブックスの『にあんちゃん』『愛と死をみつめて』、若い根っこの会の雑誌などをよく使った記憶がある。ときには高校への進学指導などが私に与えられ、許される限りのあらゆる方法を試みた。その結果、私は少年たちに対して私自身がいかに無力であるか、関わる個々の少年に対して何もできない自分というものを、深く深く知るに至った。人間が人間に対してなし得ることが、いかにわずかなことでしかないか、ということをである。

仕事に疲れたとき、不勉強を叱責されるのを恐れながらも、折りにつけ静岡市郊外のお宅に島谷師を訪ねた。ほとんど会話らしい会話をした覚えはないが、小半時ポツリポツリと語る言葉を全身に受けての帰り道、不思議に腹の底からじわじわと活力が湧いてくる思いがしたものであった。M・ブーバーの著作『我と汝』『孤独と愛』などに惹かれたのもこのころである。当時はいわゆる全共闘時代である。吉本隆明氏の言葉ではなかったか、「連帯を求めて、孤独を恐れず」というのがあった。しかし、私にはむしろ「孤独を求めて、連帯を恐れず」の方が心情的にはぴったりであった。

孤独に徹し、エゴイストたらんとする一方で、私は司法試験を志す勉強会の仲間に加わり、法律を学び始めた。社会に不適応を起こしている少年たちは、将来この現実の社会的規制の中で生きていかねばならない。私は個としての存在に止まらず、全体における存在に自己を拡張することを迫られたのである。しかし、法律そのものには容易に親しみを感じなかった。法律は存在のあり方を規定する技術であって、存在そのものを求めるものとは思えなかったのである。法律、経済は社会の下部機構を対象とするものである。もちろんそれ故にこそ社会生活において不可欠な分野ではあるが……。

記憶の中の少年たち

私は大学卒業直後の二十五歳から十年間、家裁調査官として少年事件を担当し、多くの少年たちと接する中で多くのことを学んだ。それは、私の人格形成にも計り知れない影響を与えてくれた。その意味で、私にとって少年事件調査の仕事は、私自身の存在確認の過程であった。ここに記憶に残る幾つかの事例を書き記しておきたいと思う。

「夢丘清人」という少年

あれは家裁調査官となって二年目の秋、まだまだ無我夢中の、体当たり的仕事の日々の中で接した事件であった。

窃盗事件で少年鑑別所に収容されていた少年の名は夢丘清人、住所不定。送致された事件が比較的軽微であったため、警察での取調べは通り一遍で、少年の言っていることをそのまま調書にしてあるだけである。一見して偽名に思えた。本籍地への照会も中学校への照会も該当者なしであった。

鑑別所は少年の資質を知能、性格、情緒面を総合して鑑別し、最大限四週間以内にその結果を家庭裁判所に提出することになっている。出張旅費の制約もあって、一度に最低ふたり以上の面接調査をしなければならない状況の中、N少年に向かい合った。

N、自称夢丘少年は、生まれてからこのかたの物語を作り上げていた。東京で生まれ、両親と早くに死別して幼いころから施設で育ち、中学卒業後個人商店に就職したが、親方に叱られてばかりでいやになり、家出してしまったという。嘘の話を長々と続け、核心を外して容易に真実を語らない。根比べである。

身元不明のままでは少年にとって処遇上不利益になってしまう。なぜならば住所不定のまま釈放することはできず、民間の篤志家による雇用の委託も困難になる。残された選択は少年院、教護院などの矯正施設送致のみとなってしまうからである。

小柄なＮの容貌仕草から、まだ中学を出て間もなくの年ごろに見えた。彼は現実から逃避して、完全な空想の世界に生きている。本件の非行事実からは、犯罪的危険性が高いとは認められない。私としては少年院送りを避けて、試験観察処分を選び、社会内処遇で住み込み先に落ち着かせたかった。

そのためには、真実を語ってもらわねばならない。信頼関係の契機が欲しかった。

三回目の面接で、ようやくＮは自分を語り始めた。父の暴力が原因で両親は離婚し、妹がひとりの母子家庭で育った。現在母は妹と青森に住み、食堂の店員をしているという。再び本籍地、中学校へ照会したところその回答があった。高校に進学したが一年で中退していた。年令は十八歳であった。

昭和三十年代後半に入ると、東北地方は集団就職の流れの中にあった。Ｎは上京して職に就き、家計を助けようとしたが、職場への適応が難しかった。余りにも自我の発達が未熟で内向的なため、現実を吟味する能力に乏しかったのである。地に足がつかず、空想の世界をさまよい続けた結果の非行であった。

母親は出頭して面接に応じる経済的余裕もなく、青森へ引き取って手元で監護する能力もないと告白し、Nも青森へ帰る意思は持たなかった。母親の手紙には、どうにもならない保護能力の限界を認めながらも、Nを見捨ててしまうのではなく、なんとか遠くからでもできる限りのことはしたいという真情が、丁寧な文字で書かれていた。

資質から見て、現段階で少年院における集団的な矯正教育を受けさせても、その効果は上がらず、むしろいじめの対象になり、屈折した犯罪性を根付かせて今後の社会適応をますます困難にする恐れがある。とりあえずの身柄引受人である雇用主を私の個人的なつてにより求め、Nは試験観察処分に付された。

最初に得た仕事は竹細工職であったが、一日中座って仕事をするこの仕事は、幼時に痛めた足の屈伸が不自由なところから持続できないということで、N自身が書店の店員募集に応じて職を得た。店主に事情を話したところ理解してくれ、更に更生を援助したいと、アパートへの入居の際にもその保証人となってくれた。

こうして三ヵ月程は安定しているかに見えたが、ある日店主からの連絡で出向いたところ、棚卸しの際に商品を隠匿していたことを告げられた。アパートのNの部屋から、ダンボール箱に詰められた風俗誌、ビニール本の類が大量に出てきたのである。Nとこの書店主との信頼関係は完全に壊れてしまい、そのまま雇用を継続してもらうことはできなかった。

この間、母親から役所の私宛てに、Nへの手紙を添えて餅と手編みのセーターが送られてきたことがあった。Nは再び職を求め、今度はカメラ店に住み込み就職した。新しい雇用主も夫婦ともにNの境遇に理解を示し、カメラ店の仕事を丁寧に教えてくれた。

その後、私は一年間の研修所生活のため上京したが、その直前にNに対し保護観察処分相当の意見を提出し、結局Nは二年の間、保護観察所の下で保護観察官、保護司の補導援護に委ねられることになった。こうして、Nは私の視界から去っていった。

その後十年以上の時が流れたある日、突然、夢丘少年から手紙が届いた。総武線沿線に住み、結婚して小さいながらD・P・Eカメラ店を営んでいるという。結局カメラ店住み込みの修行が彼を生かしてくれたのであろう。何回かの年賀状のやりとりがあったが、私が裁判官となって転勤生活が重なるうちにそれも途絶えてしまった。三十数年の歳月が去った今でも、私が彼の安否を心の隅で気にかけているように、彼も又どこかで、十代末期の人には言えぬ日々を噛み締めていることであろう。

母への憎悪が危険な性犯罪へ

次に紹介するものは、ふたり共犯による強姦致傷事件である。
Cは、父親が手広く自転車販売修理店を営み、経済的には恵まれ、長男で妹ひとりのため母親に溺愛されて育った。他方Eは、横須賀の基地でアメリカ兵を父として、そこのバーで働く女性を母として生まれた。一見して外国人との混血と分かる長身色白の少年で、幼いころからハーフ、ハーフと呼ばれていた。Eには既に同種事件の前歴があり、少年院における矯正教育を受けていた。少年院を仮退院して三ヵ月足らずのうちに、Cを誘って再び罪を犯したのであった。

成人の女性を脅迫し、力ずくで押さえ込んで強姦した手口は、典型的な性犯罪で極めて犯罪的危険性の高いものである。

Cには非行歴はなく、年長のEに命ぜられるまま、幇助的に加担していた事実が判明した。当時の少年院における処遇は収容期間が現在のようにきめ細かでなく、一律に一年というのが一般であった。Cについては民間の補導委託施設に三ヵ月の補導を委託し、その間試験観察に服させることにした。

問題はEである。母方の祖父母の下で育てられ、経済的には困らなかったものの家族関係に恵まれず、子供のころから混血の私生児としていじめの対象となっていた。その屈折した怨恨が人格の基礎に潜み、身体的な発達とともに敵意が放出されてそれが非行に表現されている。その非行は性的犯罪に限られている。意識の底に母への深い恨みを感じさせ、そこに母性への憧れは全く認められなかった。

彼の性犯罪には母イコール女性への憎悪が根底にあるのではないかと思われた。話をしてみても、彼の態度は温かみを欠き、冷たさばかりがひしひしと迫ってくる。鑑別結果にも情性欠如の傾向が著しいとあった。

強姦致傷事件の刑は、無期又は三年以上の懲役と法定され、極めて重い。Eは同種の犯罪で少年院収容の過去がある。家庭における祖父母の監護能力は、既に十九歳と成人に近い少年に対して、とても充分には及び得ない。彼の性犯罪への再犯可能性は極めて高いと思われた。彼の状態から考えて、刑務所における矯正教育に多くは期待できない。かといって、現行法制度上は、他に処遇選択の余地はないのである。

Ｅは少年法における保護処分の限界を超えているものと認め、検察官送致に付され（少年法二〇条）、成人と同様に起訴された。

Ｅとは少年鑑別所で二度面接したのみである。しかし、長い年月を経た今でも決して忘れることができない。私はそのとき、全く彼の世界と接点を持つことができなかったのである。

冷たい手錠と熱い血のたぎり

これは失敗談である。昭和四十一年ごろの春に関わった、Ｄ少年の話である。

中学卒業後間もないＤ少年は、九州から中伊豆の土工現場へ、親方に連れられてやってきた。そのＤが、飯場内で仲間の財布から金銭を抜き取った事件が発覚した。彼は十六歳に満たなかったので、在宅事件として身柄を拘束しないまま、家裁に書類送致されていた。

同僚の調査官が調査のためDを呼び出したところ、親方に伴われて出頭した。十五歳というが上背もあり頑丈な体格で、その顔に既に幼さはない。親方は、Dが飯場内で多くの者に迷惑をかけたことから今後の雇用に不安を抱き、自身の信用問題もあってDの指導監督に消極的であった。そこで、Dに対して保護処分が必要かどうか、その非行性をより慎重に調査するための観護措置決定（少年法一七条一項）があり、心身鑑別のため少年鑑別所に収容されることになった。

一般に十六歳以上で非行事実が重大な事件は、警察の捜査段階で逮捕勾留され、身柄が拘束されたままで家裁に送致される。そして観護措置決定の後は沼津拘置支所に仮収容して、翌日そこの職員が静岡にある少年鑑別所まで押送するのであるが、これにはバス、電車、バスと乗り継ぎ片道約二時間を要する。

Dは在宅事件として送致され、第一回調査の段階で初めて身柄を拘束されたので、このような場合は家裁において少年を押送するのが通例であった。警察官や拘置所職員と違って、押送の仕事は家裁職員にとって不慣れで例外的な職務であった。

たまたま午後から手があいていた私が、私より少し若いO事務官とふたりでDを押送することになった。もちろん、私にもそれまでに十回を超える押送の経験はあった。そして押送するときは、原則として中学生であっても手錠を掛けるのが通常である。しかし、私は今まで手錠を使用したことはなかった。押送事件は自分が担当している事件がほとんどであったし、鑑別所収容の意味を納得させて、いわば初期の信頼関係を取り付けてからの押送であったからである。

Dは終始無口であったが、何事もなく静岡駅に下り、駅前の雑踏を抜けて近くのバス停でバスを待っていた。やがてバスが近付いて停車した。十人余りの乗客がその乗車口に寄り集まっていく。私もDの背後から一歩足を踏み出した。と、そのとき、突然その人込みを掻き分けて彼は猛然と走り出した。反射的に私も逃走するDを追い掛けて走る。

彼は車の往来の激しい車道を突っ切っていった。その後を遮二無二追って通りを横切る。

「バカヤロー！」。トラック運転手の怒鳴り声を聞き流して、人通りの激しい呉服町商店街の通りへと向かった。その手前の小路の奥に古くからの神社がある。いったんDの影を見失ったが、直感的にそちらへ走ると、境内の池の畔りで、逃げる方向を決めかねて戸惑っているDの後ろ姿が目に入った。その背後十メートル程に迫った私は、「馬鹿な真似はするな」と叫んだ。振り返ったDの顔は緊張で蒼白になり、引きつっていた。

しかし一瞬の後、彼は必死の形相で再び人込みの中へ走り込んでいった。「ドロボー、ドロボー」と大声をあげながら、脱兎のごときDを追う私を認めて、付近の若者二、三人が五十メートル程追い掛けてくれ、路上に倒れ込んだ少年をつかまえた。

Dを上から抱え込み、そのほてった体に半身を触れた私に、激しい息づかいをした彼の心臓のドキドキドキという鼓動が伝わってきた。そのとき、私はDのうちに潜む若く熱い血のたぎりを全身に感じたのである。そこへようやくO事務官がやってきて、少年の右手首に冷たく光る手錠が掛けられた。観念したDは無言のまま立ち上がった。

必死に逃げたD、そして私もまた全力で追い掛けたのであったが、この事件の後しばらくの間、捕らえた瞬間のあの少年の内なる血潮の高鳴りが、私を捉えて離さなかったのである。

その後の調査で、Dは既に少年院収容の前歴があり、今回の窃盗事件で再び少年院へ送られるであろうことを予知していたことが分かった。彼は彼なりのやり方で、まだ心の闇を生きていたのである。

感情の爆発をコントロールできずに

印象深い少年事件として思い出すのは、意外なことにまだ調査官として駆け出しのころの事件が多い。

あるとき、二十歳前後の若者たちの集団抗争事件に関わった。一方の首領は後年自ら一派の暴力団を構成し、その組長になったが他方も背後の暴力団に連なる組織であった。前者を外人部隊、後者を鳥組と呼んだ。

抗争の根っこには、多分に在日韓国人に対する差別意識が潜んでいた。これが両者の縄張り争いに絡み、血気盛んな少年たちを唆（そそのか）したらしい。それぞれ十数名ずつが日本刀、木刀などの武器を携え、それぞれのアジトへ集合して抗争に備えていた。幸いその情報を察知した警察の迅速な捜査態勢により、殺傷事件に発展する直前で未然に避けられたが、武器多数が押収され、多くの少年が凶器準備集合罪で逮捕され、少年鑑別所に収容された。

その中にいたKは十九歳で、非行歴はない。父は早くに死亡して、母、十歳以上も年の離れた長兄夫婦と同居していた。Kの監護には専らこの兄が当たっていた。知能はほぼ普通域にあり、中学卒業後は長兄の営む塗装業を手伝っていた。男ばかりの兄弟の三男で末っ子。性格的には短気で、短絡的傾向がある。他方几帳面なところがあり一応の礼儀は心得ている。

処遇決定の審判の当日、私は次のような意見を提出した。Kが日本刀を振りかざして抗争の相手を威嚇した行為の危険性は認められるものの、非行の前歴はなく、資質的にも社会適応が可能である。また、今回の事件を契機として長兄の監護状況にいっそうの期待ができるところから、少年院送りを避けて、六ヵ月の試験観察処分相当である、と。そして審判廷でその旨を述べた。しかし、審判官は事件の社会的影響を重視し、刑罰の一般社会に対する犯罪抑止的効果を高めようと、又、他の少年らとの処分の均衡も考慮してか、Kに対して中等少年院へ送致する決定をした。

決定宣告後しばらくの沈黙を経て、それまで平身低頭して改悛の情を繰り返し述べていたKが、突然立ち上がり大声を発しながら、大型の審判台をひっくり返してしまった。最終的に決定が覆らないことを知っての行いだった。もちろん、直ちに取り押さえられて退席したが、爆発した感情のほとばしりは、しばらく収まらなかったものと思われた。

保護者として立ち会った兄は静かであった。ただ、

「できることなら、少年院に収容されることなく、家庭の監護に委ねしばらく様子を見てもらいたかった」

と述べた。又、

「審判廷の雰囲気からすれば、弟が興奮したのもやむを得なかったかもしれない」

とも言った。

Ｋも兄も決定に不服申し立てはしなかった。

その後収容された少年院から、何回となくＫの手紙が届いた。審判の際の態度を反省する内容が、几帳面な文字でつづられていた。この抗争事件に関与した少年たちの中には、そのまま犯罪性を深め、犯罪歴を重ねてしまった者も少なくなかった。しかし、少年院退院後、Ｋに再犯はなかった。

二十数年後、覚醒剤取締法違反の現行犯で逮捕され、まだ薬物の影響で錯乱状態から回復していない被疑者に対する勾留請求事件において、こんな体験もあった。

当然のことながら、勾留の裁判においては被疑者に黙秘権などの権利を告げ、手錠、捕縄は外すのが通常であるが、本件では被疑者はまだ錯乱興奮状態にあるので、捕縄のみ外し、手錠ははめておいた。彼はいっさいの質問に答えず、机に顔を伏せたままである。手続きに従って勾留する旨の決定をしたところ、突然目の前で立ち上がり、狭い勾留尋問室内で片手錠をはめたままの右腕をガンガンと振り回した。彼にすれば私に対する威嚇的反抗を爆発させたのであろう。

後に聞けば、薬物の影響が消えたときは全く反省的な態度で、勾留裁判の際の粗暴な振る舞いを悔いていたという。彼は自身の態度を意識し、その場でそれを抑えなくてはならないことを認識しながらも、感情の爆発をコントロールできなかったのである。

このように、人間の感情は置かれた状況によって爆発し、それを意志により制御することがときに不可能となってしまうことがある。傷害致死事件の多くはこのような状況下で起こる。本人の認識を越えて遥かに重大な結果が発生してしまうのである。

「後悔先に立たず」、いつになってもほろ苦い言葉である。

十年ぶりに山へ向かう

信州の高原を歩き廻ったあの青春の日々から、無我夢中で十年余りが過ぎた。仙台での学生生活に引き続き、家庭裁判所において多くの少年事件に接した年月であった。その間、私には山や高原を歩くという、自然に接する機会がなかった。もちろん自然へのうちなる欲求がなかったわけではないが、正直なところそのような時間が全く与えられなかった。

あれは昭和四十三年春のことであった。先輩の石原調査官が静岡家裁沼津支部へ転勤して同じ職場となった。彼に刺激されて、ようやく山への復活のときが巡ってきたのである。

富士山麓の毛無山塊、愛鷹連峰を歩き、その年の夏、石原氏をリーダーとして調査官仲間の寺尾、北島、松本の諸氏と、ようやくの思いで南アルプス茶臼岳（二六〇〇メートル）の山頂を踏んだ。西に傾いた逆光の彼方に延々と連なる山並、縦走路で結ばれた上河内、聖、赤石岳の南ア南部の巨大な山塊が、今なお目を閉じれば瞼の底に浮かび上がってくる。

十枚山
標高
1.719m

その山行の後、長い空白によって衰えかけた体力と気力の萎えを回復するため、静岡市内を流れる安倍川流域の山々を歩き始めた。南北約五十キロメートルに及ぶその流域の東山稜の山々は、海抜一〇四一メートルの竜爪山から、真富士山（一三四三）、十枚山（一七一七）、大光山（一六六〇）、八紘嶺（一九一七）そして最奥の大谷嶺（一九九九）へと続き、西山稜には笹山（一七六二）、山伏（二〇一三）がある。こうして私の精神は、再び山への傾斜を徐々に深めていった。

これらの山々の中で、ときには疲れてめげそうになる私を受け入れて癒し、ときには叱咤激励して明日への勇気を奮い起こさせてくれた山、山伏について、ここに書き残さずにはいられない。

この山の山頂付近は、緩く盛り上がった笹原が広がり、東の正面に富士山が秀麗な姿そのままに目に飛び込んでくる。振り返る西には南アルプス南部の盟主赤石岳を中心に、右に悪沢岳、左に聖岳から茶臼岳へ続く稜線上の山並が間近に連なり、冬晴れの山頂では、これらの山々が白銀に輝き、時の経つのを忘れさせてくれる程に美しい。

初めてこの山に登ったのは、昭和四十五年十一月初めのことであった。戦後荒廃して土台石のみを残していた小屋は、まだ再建されていなかった。この山から北へ、富士山の大沢崩れと並んで日本有数の崩れである大谷崩れの頭を経て、八紘嶺を縦走して梅ヶ島温泉に下るには、山中一泊が一般的である。当時まだ主流を占めていた、ウインパー式の厚い生地で作られた重量感溢れるテントを背負ってのことであった。尾根上の水場は小屋跡近くの一ヵ所のみである。同行は調査官仲間の渡瀬と日月（たちもり）であった。

まだ自家用車を持っていなかったので、新静岡午前六時二十分発、梅ヶ島行きの一番バスに乗車し、新田で下車する。茶畑を抜け、大谷崩れへの分岐を左にとって、林道を四、五十分歩いた西日影沢登山口までが、ウォーミングアップであった。日月がバスに乗り遅れて、新田の手前の六郎木のバス停までタクシーを飛ばして追いかけてきたのも忘れ難い。

西日影沢は紅葉の盛りで、渓谷沿いは真っ赤なカエデやツタウルシ、ブナの黄葉が、夏程の勢いはない瀬音を背景にいっそう鮮やかである。植林のスギの木立を抜けわさび田に出ると、明るい秋の日差しが降り注いでいる。その先で沢を渡り、大岩を右に巻いて沢沿いに登る。再び丸木橋（当時は倒木そのものであった）で沢を渡り、山腹を巻いていくと最後の水場へ出る。

この辺りのブナ林は、黄色付いた秋もさることながら、新緑の芽吹きの柔らかさも心安らぐ雰囲気である。その中をゆっくりと登っていくと蓬峠に出る。直下の蓬沢の崩壊が年々その程度を深め、砂防ダムが次々に上へ上へと築かれていく。その又上に明日の縦走が予想される稜線が続き、右手奥にちらと大谷崩れの頭が覗く。

ここからは、山頂から東に延びた尾根を北から南、南から北へと廻り込みながら登っていく。この辺りから針葉樹林帯となり、三回目の北側を廻った所で急坂を登り切ると、牛首峠、笹山、井川峠へ続く主稜線上の笹原に飛び出る。小屋跡の水場は、左に道をとってしばらく行った先を急角度に下った窪地にある。そのころには今程その辺りの笹は伸びていなかったので、この笹原にテントを設営して下から水を汲み上げた。昭和四十六年ころ県営の立派な小屋が再建され、その後随分と利用させてもらっている。

今程は知名度がなかったこの山は、連休というのに、薄暗くなってから登ってきた三、四人のパーティーが小屋跡に幕営したのみで、人影の少ない静かな山であった。

翌朝は快晴に恵まれた。富士山の背後から朝の光が差し込んで、うっすらと霜がおりて白くなった笹原に淡い陽光が跳ね返っていた。夏の七、八月ごろはこの辺り一面にヤナギラン、クルマユリ、クガイソウなどが咲き乱れる。

新窪乗越までの尾根筋の道は当時まだ整備が届かず、至る所の笹の中に倒木が潜んでいた。辺りのダケカンバの灌木林の道は、その若い木肌が柔らかな日差しを照り返して艶やかに光り、長閑（のどか）なプロムナードである。日が昇るにつれて笹の葉の霜が解け、ニッカズボンに露を含ませてしまったが、乗越から大谷崩れの頭に至る痩せた岩稜を集中して抜けるころには、身体内外の温度ですっかり乾いていた。崩れの頭から振り返ると、山伏山頂のなだらかな笹原が優しげに呼び止めている。

ここからしばらく道は暗く深い針葉樹林の中を行く。ほとんど手を付けられていない原始のままの植生の歴史である。やがて、再び笹と灌木林となる。左手に八紘嶺から七面山への長い尾根が延び、右手南東には安倍川流域の東山稜が大光、十枚、青笹、真富士、竜爪山と連なり、遥か静岡の町並みの先に駿河湾が微かに光っている。その後幾つかの小さなアップダウンを重ねて、最後の急登を登り切ると八紘嶺の山頂である。

富士山が間近に迫り、七面山への尾根の左にはそれと平行して荒川岳から北へ白根三山が続いている。北岳のピラミダルなとんがりが、小さいながらも群れを抜いて形よい。ここからは一路下りである。安倍峠への分岐は今は舗装された林道が上まで続いているが、当時は車は入らず、この時期この辺りの紅葉は、目を見張る程鮮やかに名残の秋を錦繍で彩っていた。梅ヶ島の温泉はややぬるめだが疲れた体にいっときの安らぎを与えてくれる。

この山行から四半世紀余りの歳月が流れ去った。その後長く静岡を離れていたが、帰省の際も含めて、あるときは単独で、またあるときは仲間たちと、四季を通じて三十回くらい登っている。そして今後もこの山に登り続けることであろう。山伏を故郷の山としてこよなく愛する者にとって、安倍奥の山々がこれ以上破壊されることなく、自然のままに残されることを願うばかりである。


そのころ担当したB少年と、試験観察中何回となく山に登った。父は長く地域組織のリーダーとして活躍し、極めて活動的、積極的な生活態度で生きていた。これに対し母は父に従い家庭を維持していた。Bは欠乏が原因としてではなく、父母そして弟妹四人と祖母という家族内の心理的関係における重圧から、逸脱行動に陥ったものと考えられた。

高校一年で挫折した彼は両親の熱心な監護の下で私と関わり、徐々に自分自身を確かめ、高校再入学の意思を固めていった。自ら招いたハンディキャップを乗り越えるために、その内面では相当の葛藤と、克服のための努力があったものと思う。私はただただ見守るだけであった。

通常の入試を経て高校への入学が決まった後、誰もいない雪の山をふたりで歩いた。三月半ばの富士山は、春の雪を被って目の前に白く大きく聳えていた。

彼はその後大学工学部に進み、卒業後はその道の専門家として活躍し、今は円満な家庭を築いている。かつて彼から大学合格の知らせを受けたとき、受話器から喜びに溢れんばかりの胸のうちが伝わってきた。それは、その昔私が工員生活からの暗いトンネルを抜けて、曲がりなりにも大学へ進学したあの春の日と重なって、心から嬉しく、その欣喜雀躍（きんきじゃくやく）の思いが蘇ってきたのであった。

何もできないという思いの中で、私は多くのことを彼から教えられた。あの雄大な自然の中で時間空間を共有した感覚は、おそらく彼も生涯忘れることがないであろう。

私自身の無益を知らされた家事事件

十年間の少年事件関与の後、家事事件担当となった。対象は夫婦、親子、相続などに関する紛争である。

組織内に存在する者として、転勤、職務内容の異動はやむを得ない。これをどのように受け止め、積極的な意味に転換できるかである。既に三十五歳に達し、社会的には成熟の域に入り、大人の問題を取り扱ってもよいといえるだけの年齢であった。民事法関係の知識習得もある程度進み、自己を道具とする面接に加えて法律知識が新しい武器になりつつあった。

家事事件処理の大枠は、親族相続法である。家裁調査官の役割機能を充分に活用するために、これは必要不可欠の道具である。

空しさばかりの遺産問題

家庭裁判所における長期未済事件の多くは遺産分割事件である。遺産分割事件における親子、兄弟の骨肉の争いは、主として不動産をめぐる相続財産を中心に発生する。紛争に絡む縦糸である、時の経過が長い程にいったんこじれると始末に負えない。先妻後妻とそのそれぞれの子が二派に分かれて争う典型的パターンのほか、残された老配偶者を巡る扶養問題が絡み、更に嫁姑関係がいっそう紛争の解決を困難にする。

「遺産の分割は、遺産に属する物、又は権利の種類及び性質、各相続人の年令、職業、心身の状態及び生活の状態その他いっさいの事情を考慮してこれをする」（民法九〇六条）

この条文の基準に則って家庭裁判所が分割を決定するのであるが、あまりにも抽象的包括的な規定である。可能な限りの方法で問題解決に対応しているものの、未だにこれに対する決定的な特効薬はない。

しかし、遺産分割事件が解決困難な事件といっても、それは当事者の数、相続財産の大きさ、性質からであって、法律手続きのレベルにおける問題なのである。つまり、各当事者のその後の生き方に決定的影響を与えるか否かという人間の存在のレベルでいうならば、決して困難な問題ではないと思う。およそ市民紛争レベルの問題であって、人の心の奥深くに潜む存在ないし生き方の基礎に関わる程の問題には、ほとんど出会わないのではあるまいか。

こんな事件があった。長年開業医院を営み、社会的信望もあった被相続人Ｆには、娘が四人いた。末子の長男が医師として医院を継いで久しい。Ｆの妻は既に亡くなっている。自宅兼医院の屋敷内にある土蔵に、Ｆが戦前から四十年余りにわたって蒐集（しゅうしゅう）した掛け軸、刀剣、書画などの骨董品が数多く収蔵されていた。そして、几帳面にそれらが目録に記載されていた。刀剣だけでも十数振りあり、それらの中には古刀として著名な銘刀もあった。Ｆは個々の蒐集品に相当の愛着を持っていたのであろうが、相続人である娘たちはいずれも、それらの物の美術品としての価値にほとんど関心を示さなかった。ただ、相続財産のうちの動産として、平等にそれらをひとり当たり二ないし三振りずつ分割することにのみ関心を示した。その他の書画骨董についても同様である。

娘たちは現在、医師や一流会社のサラリーマンの妻として何不自由ない生活をしている。医院の敷地など不動産の分割は、開業医であるからできないので、勢い動産の分割はまさに羊羹切りである。私のような庶民感覚からは、ただただ空しさばかりの事件であった。

昭和四十年代の日本列島改造論で地価が上昇し始めた。特に都市近郊の農地においてそれが著しい。当然農地をめぐる遺産分割事件が増加する。

農業を継いだ長男と農家の嫁であるその妻は、遺産分割の脅威にさらされる。嫁いで家を出た娘たちが、農地の分割を請求するからである。多くの農家は住居とその敷地が相当に広い。そして敷地は宅地並に評価されるので、それだけで相当の財産的価値となってしまう。そのため、農業を維持するのに必要な農地の取り分が減って、農業経営に支障をきたしてしまう。

相続人を平等に取り扱う均分相続が、このような場合にいき詰まってしまうところから、家庭裁判所における調停又は審判でさまざまな工夫がなされる。昭和五十五年に追加改正された寄与分の制度(民法九〇四条の二)も、このような立場の者(農業承継者とその妻、あるいは被相続人の療養看護に当たった者など)を考慮したものである。更にこのような事例では前述のように嫁姑問題が絡み、娘らと姑が結託して円滑な分割の進行が妨げられることが多い。嫁姑問題は直系血族間の扶養(民法八七七条)と関連して、遺産分割そのほか家族間の紛争の原因に巣食う永遠の課題である。

内向的な妻と社交的な夫のケース

夫婦事件は離婚、又は夫婦関係調整事件である。身分関係が解消してしまえば、財産関係の清算となって通常の民事事件と本質的には変わりはない。ただ離婚に伴う財産分与において、遺産分割のときと同様に「いっさいの事情を考慮して、分与するかしないか、その額及び方法を定める」（民法七八六条三項）とあり、ここでもいっさいの事情が判断資料となるので解決が長引きやすい。

離婚に際して当事者は、財産という物のレベルと、婚姻及び夫婦財産制度というサンクション（社会的制約）の狭間（はざま）で、今後の生きる方向を自分で選択しなければならない。ここにカウンセリングの入り込む余地がある。未成年の夫婦から、八十歳近くの夫婦まで、実に多くの夫婦と出会った。もちろん破綻に至ったケースもあるが、面接の過程で当初取り付く島もなかった関係が回復した事例も多い。

私の面接の基本は少年事件の場合と変わりはない。私自身が変わりようがないからである。私の理解を超えたところで、夫婦相互の関わり方に変化が生まれたのである。人間が人間を「理解」するということはしょせん不可能なことである。

たとえば、このような事件があった。

音楽大学出の妻は、家でピアノ教師をしていた。夫はかなり大きな病院の事務長で、経済的には安定している。結婚後十年以上を経ているがふたりの間に子供はなく、将来に向かって生まれる見込みもなかった。夫の兄は中学校の教員であった。その兄は弟夫婦の破綻を心配して、何かとその関係の修復に援助の手を貸してきた。しかし容易に明るい兆しが見えなかったので、弟を促して家庭裁判所に夫婦関係調整事件の申立てをした。

妻は調停を拒否してこれに応じる姿勢を示さなかったので、私が事件の調査を担当し、妻を話し合いの場に引き入れることになった。妻は最初私からの呼出状に対して、電話で出頭を断ってきた。そこで私はまず夫とその兄から結婚前後の経緯を調査した上、出頭がいやならばこちらから出向いてもよい旨を伝えたところ、ようやく妻は呼び出しに応じた。

一見してきちっとした身なりで、相手に寸分の隙も与えない構えである。あまり人付き合いをせずに、家にこもって読書するかピアノを教えているかで、家事のための買い物に出ることさえも極力避けている状況であると、夫は前回の調査の際述べていた。妻は自身の日常生活の行動基準から見て、夫の行動のルーズさが許せなかったようである。家庭外の人との交際においても、夫はその職場における地位から社交的に振る舞わざるを得ず、妻の生活態度とは対照的であった。

夫婦の間に子供がなかったのは、最初の出産に失敗したからである。この事実は妻にとって重大な心理的外傷になってしまった。しかも妻程には感受性が敏感でない夫は、この妻の心の傷が決して癒えることなく、内面に巣食って肥大していった過程を見逃してしまったのである。

朝、妻は夫が出勤する際、家庭のゴミを近くの集積所まで出してくれるように頼む。他方、夫はこの妻の頼みが我がままであり、自分はこれから仕事に出掛けるというのに、このように家事の一端を担わされてしまうことに抵抗を感じてしまう。こうした些細なことの積み重ねの結果、双方が次第に信頼と尊敬を失って遠い存在になっていく。妻は夫を試しているのである。そこには自身の奥底の辛く悲しい傷に気付いて欲しいという願いがある。

夫婦間の立て直しを計りたいという夫に、私はそのような事実を伝えた。一、二ヵ月後に第一回の調停が開かれたが、その席で夫婦はやり直しを話し合って事件は終結した。その後何年か、回復された夫婦関係を告げる年賀状が、勤務先の私の所へ届いていた。以来二十年余りである。この夫妻の現在の生活は、私の知るところではない。

離婚における有責主義、即ち、一方に不貞行為があれば他方はその不貞という有責原因を理由に、離婚を拒み続けることができるという流れがあった。しかし次第に緩和され、近年随分と破綻主義、破綻の原因を問わずに一定の破綻状態にあれば、いずれからでも離婚請求を認める方向に傾いている。別居五年で離婚を認める立法案はその現れである。

私が見てきた範囲では、頑なに夫からの離婚請求を拒み、客観的にまさに覆水盆に返らない状況が確定していても、十年あまり別居のまま生活し続けているケースもあった。唯一そこに留まっていることが生きる支えになるのであろうか。私にはそう思えなくても、その人には生存の価値が一にかかってそこにあるのである。指示的にいえる問題ではない。

配偶者が強度の精神病にかかり、回復の見込みがないとき(民法七七〇条一項四号)は、離婚原因となる。強度とはどの程度をいうのかを絶対的に決定する基準はない。日常生活の遂行が不能となり、長期の入院生活が継続している事例では、訴訟において離婚が容認されるであろう。しかし入退院を繰り返している事例、精神分裂病、躁鬱病などのいわゆる内因性精神病ではなく、心理的反応である神経症の事例では、離婚が家事調停に持ち込まれることが多い。そこで精神病院で一方当事者と面接する事例も数多くあった。精神病に罹った当事者はもちろんのこと、子供を抱えて生活を維持しなければならない他方当事者にとっても問題は極めて深刻である。

次に挙げるのは、その一例である。

夫婦の間には小学生、中学生のふたりの子供があった。夫は戸棚やたんすを作る木工所の職人として、経験二十年あまりである。真面目で他に道楽もない職人気質であった。その妻から夫婦関係調整事件の調停申立てがあった。全くそのような事実はないのに夫が妻の浮気を疑って、家庭内がすっかり暗くなってしまったというのである。

通常調査はまず申立人から面接する。申立人に解決の動機があって申し立てられるのが一般的だからである。次に面接した夫は一見して気分の基調が暗い。声も小さく、仕事中心に長年生きてきて、家と職場以外の世界にほとんど目を向けないまま、現在に至っている。朝、妻が作ってくれる弁当を持って仕事に行き、それを職場で食べ、夕方一定の時刻に帰宅する生活であった。

やがて夫はこう言うのである。最近妻は弁当に毒を入れている。ほとんどそれと分からぬ粉末で、多分毎日少しずつ入れて私を殺そうとしている。妻は浮気の相手に唆され、自分が邪魔になってしまったのではないかと思う。抑揚もなく夫は淡々と話す。そして何とか妻の浮気の相手を突き止めたいという。

一、二時間の面接で結婚前後の生育歴、結婚後の状況などを聞き、訴えたいことを自由に話してもらう。私は夫とのこの面接で、そこに病的なものを感じた。

妻は健康的な外観で、子供が小学校に入って手が空いたので、家計を補うため近くの工場でパートとして働いていた。十年一日のごとく真面目に働いてくれる夫に不足はなく、感謝しているという。しかし最近夫の態度がときどき理解できない。黙って自分で弁当を作って持っていく。仕事でたまに夫より遅く帰ると変な目で私を見る。私としては良い夫だと思っているし、今までどおりにやっていきたい、と述べ、全く異常を感じさせない話し方、態度である。夫にして見れば、充分に頼り甲斐のある妻であろう。

夫の言い分の手掛かりは全くつかめない。調査報告書提出後一ヵ月先の調停期日が指定されたが、結局その期日の前に夫は妻の勧めで精神科の診断を受け、入院加療が必要となったため、調停は開かれないままに終わってしまった。本件調停の申立ては、夫の嫉妬妄想に原因があったのである。

離婚した夫婦の間の幼児の扱いも複雑である。我が国においては、たとえばアメリカ映画「クレイマー、クレイマー」のように、週末の父子又は母子の面接が円満にはいかない。父と母との間に挟まった幼い子の心理は、木の葉のように揺さぶられる。面接交渉権という権利は容易に我が国の精神風土に親しまないものがある。子供は取引の道具ではない。

盲目の愛情は全てを曇らせ、自分自身の存在の基盤に思いは至らない。人と人との争いは空しい。特に近い関係にあった人々においてである。しかし、当事者本人の視野はその虚ろな一点にしか焦点が合っていない。そこからは未来への展望的エネルギーは生まれてこないのである。

離婚調停が不成立に終わり、更に離婚訴訟を提起した揚げ句に得た物（財産分与、慰謝料など）は、そこに投入されたエネルギーの量と時間の長さに対してあまりにも少なく、空しさばかりが残ってしまうことが少なくない。争うことに価値を求めた過ぎた日々を追えば、再生への気力は萎えてしまうかも知れない。

家事事件の多くの当事者たちとの面接の結果は、ますます私自身の無益を知らされるばかりであった。『アンナ・カレーニナ』の冒頭句、

「幸せな家庭は一様に幸せであるが、不幸な家庭はそれぞれに不幸である」

を、事実として知った思いである。

二、簡易裁判所判事として

山を求める

このような状況の中で、私の自然への復帰願望はますます強固になっていった。渡瀬、村松調査官らと、南アルプス南部の聖岳、光岳辺りを何回となく歩いたのはこのころである。

多くの人間関係の争いの泥沼の中でとき折り山に登り、自然の中に分け入っていく行為に集中しているとき、それが困難であればある程私の精神はただ一点に凝集した。何も考えず、何も思わず、全身が無に溶けて解体し、次第に透明な世界に沈み込んでいく。精神が浄化されていくのを感じるのである。家事事件調査と法律の勉強と山行とが繰り返される日々であった。

昭和四十五年七月、梅雨明けを待って新静岡から畑薙ダム行きのバスに乗る。目指すは憧れの聖岳である。

前々年の夏、仲間とようやくの思いで登った茶臼岳（二六〇〇メートル）の南ア主稜線上に立ったときの、遥か彼方に続く広がり。光と影のめくるめく世界への一瞬の閃光にも似たあの残像へのつのる思いを断ち難く、この一年安倍川流域の山々を歩き廻って体力の回復に努めてきたのだった。

同行は調査官仲間の渡瀬と北島であった。梅雨の戻りの大雨に遭い、赤石温泉ロッジ（この二、三年後に閉鎖されその後撤去されて今は跡形もない。もっとも同名のロッジが最近その近くに建設されている）にやむなく停滞し、翌日畑薙ダムに架かる大吊橋を渡り、雨水の滴り落ちる道を上河内沢沿いに登る。出発時には薄日が差していたが、ウソッコ沢の手前辺りから降り出した雨は次第に雨脚を速め、横窪沢小屋への急登は土砂降りの中であった。一緒に歩き始めた女性三人のパーティーはやや遅れて小屋に着いた。リーダーと思われる女性の統率力と彼女らの物静かなマナーのよさは山に対する謙虚さに溢れ、辺りにすがすがしい雰囲気を醸し出していた。

雨でテント場が使いにくかったためか、混雑する程ではなかったにしてもかなりの人が小屋に入っていた。ポンチョの雨水を乾いた新聞紙で拭い、一隅に座を占め食事の支度をする。夏場なので井川山岳会の人が交替で管理人を務めていた。当時の管理費は一泊三百円くらいであった。ストーブに火が燃え、薬缶に湯が煮えたぎっていた。いかにも山好きの若者らしい管理人が番茶を出してくれる。

夜半まで降り続いた雨も朝方には上がり、明るい夏の光が谷間に差し込んできた。茶臼小屋の水場で大休止し、稜線に出て、上河内岳（二八〇〇メートル）に至る亀甲状土の広い湿原に出る。稜線付近にこんなに広い草原があるとは思いもよらぬ程の広さで、まるで山上の楽園である。ここを突っ切る道の真正面に、ピラミダルな上河内岳が青空を背景にくっきりと浮かぶ。湿原にはチングルマ、イワカガミ、キンポウゲが咲き乱れ、行き交う人も少なく、まるで春の昼下がりの時間が止まったかのようなひとときであった。

　ここを抜けると、あとは稜線上をひたすら上河内岳に向かう。ライチョウの親子が人を恐れずに、ハイマツの中をヒョコヒョコ歩いている。南アでは珍しい黒ユリを初めて見たのもこのときであった。

　頂上からの展望は素晴らしい。指呼の間にあの見慣れた姿の聖岳がどっしりと構え、その向こうに赤石岳、悪沢岳が、その一部を見せて遥かに連なっている。振り向けば眼下に先刻通った湿原が、その向こうに茶臼岳のピーク、仁田、易老、

イザルケ、光岳と南ア南部の山々が続く。

上河内岳から聖平小屋へは安定した稜線上のハイマツ帯を行き、遠山川へのガレ場の縁から樹林帯を一気に下る。小屋は二階建ての立派な県営小屋（今は旧小屋として使われている）。すぐ近くを沢が流れ、テント場も賑わっている。

茶臼小屋での水が雨の降った直後で悪かったのか、北島が体調を落とした。ここまで来て明日の登頂が危ぶまれたが、案ずる程のこともなく翌朝は四時起床。軽い朝食の後アタックザックのみでヘッドランプを頼りに頂上を目指す。

朝の光にすっかり包まれるころ稜線上の小聖に着く。ここからは見上げる頂上に向かってガラ場の急登、小屋から三時間程を要した（昭和六十三年夏、雨の中を同じ行程で二時間程であった。当時はまだ山慣れしていなかったのであろうか）。

頂上は三千メートルを超えている。ここでは朝の陽光に夏の力は感じられなかった。このときは、眼前に圧倒的な迫力で迫ってくるはずの赤石岳は、雲に覆われて垣間見ることすらできなかった。それだけに後年ここから見た赤石岳の雄大さには、いっそう心打たれるものがあった。東の雲海の上に富士山が浮かんでいた。これが日本アルプス三千メートル級の最初の登頂である。

奥聖まで行かずにそのままニッコウキスゲの群落を楽しみながら聖平に下り、腹ごしらえの上、聖沢を下った。椹島林道に出て、又々降り出した雨の中を赤石渡を経て、畑薙ダムに向かって延々と歩き始めた。既に時計は午後六時を廻っていた。このままでは赤石ロッジに深夜着になってしまうであろうと半ば諦め、半ばやけくそで歩き続けていた。が、そこに通りかかった東海パルプのジープに拾われて、胸を撫で下ろしたのがつい昨日の事のように思い出される。

翌昭和四十六年八月、甲子園野球大会の開会式当日の正午過ぎ、昨年と同じ上河内沢から茶臼への道を歩いていた。同行の渡瀬は昨夜我が家に泊まった。この夏は当初より光岳が目標であった。

ベルトを忘れてしまい一番バスに乗り遅れたため、その日はウソッコ小屋泊りとなった。この小屋はこの年の新設であった。ここしばらく天気は安定していた。しかし、午後四時ごろのことである。沢で米を研いでいるとき、突然光が遮断された。と、見る間に猛烈な雨とともに天地に轟く雷鳴が鳴り響いた。しかし、三十分程で雷雨は去り、その後に、明日の晴天が約束されるかのような夕映えが、谷底から見上げる空に広がっていった。

翌日は茶臼小屋泊まり、のんびりと亀甲状土のお花畑に遊び、稜線上を漫歩する。翌朝四時過ぎ、西に傾いた満月の明かりが小屋の裏窓から皓々と差し込み、表窓からは東雲の彼方に深紅の太陽が、今、まさに昇ろうとしている。満月と太陽を小屋で同時に見ることができたのは、このときがただ一度の機会であったように思う。

茶臼岳頂上からの眺望は、数え切れぬ程の山々であった。朝の光に映える上河内、聖の南ア主稜、木曾駒ヶ岳から空木岳へ連なる中央アルプスの明るさと、その手前の伊那谷の暗く濃い影とのコントラストの鮮やかさ。そして五時を廻ったばかりなのに、東から光が束となりふりそそぐ情景に圧倒されてしまった。

仁田池は青空を映しニッコウキスゲが物静かな風情で池の面に影を落としていた。易老岳からは暗く深いモミ、ツガの原始の林に入る。緑濃い苔と繁茂した羊歯（しだ）類で、ここは真夏の強烈な太陽もその光を遮られている。倒木が多い。それも巨木である。自然の新陳代謝を目の当たりに示される。道は何回となくアップダウンを繰り返す。

イザルケ岳への登りに掛かる手前の登山道沿いに、細い沢が流れている。私はその後、この場所と思われる風景をしばしば夢に見た。それがイザルケ岳への道であろうことを思い出したのは、つい最

近になってからである。暗い原始林を抜けて、ようやく明るさを取り戻しつつあるここの水で、渇いた喉を潤した。あの夢は、その瞬間の爽快感が心の底に深く刻み込まれたものであったろうか。二度目に光岳に行ったときは昭和五十年の夏であったから、かれこれ二十年も以前のことである。夢の中の場所は確かにここに違いないと思い出してはみるものの、今、直ちにそれを確かめる術はない。いつの日か再びこの意識の底の風景に、現実に出会って見たいと思っている。

イザルケ岳頂上付近はこんもりした砕石の丘の感じである。仁田岳に比べると富士山も遠く小さくなった。振り返ると、今日歩いた南ア最南部の稜線が緩やかに連なる。ここは槍、穂高の峨々たる岩山のそれではない。緑豊かな膨らみの連なりなのだ。静高平と呼ばれる広いお花畑がある。細いが水場もあり野営には最適である。

旧光小屋は骨組みが残っているのみであった。新光小屋は、新しいといっても五年程は経過しているであろう。最近は夏場は夫婦の管理人が入っていると聞いた。誰もいない薄暗く湿った土間に漂うひんやりとした空気は、夏の日の午後の、この辺りの無人小屋独特の感触でもある。光岳の頂上付近の展望は開けない。ここは日本におけるハイマツ帯の南限という。水場は小屋の南側のガレ場直下にある。

明日の行程は寸又温泉まで、このガレ場の縁から遥かに無数の山並を越えて、十数時間を要するであろう。夕食後、小屋の近くの広々とした草原を歩く。上河内岳の小気味よい尖塔の左に、聖岳が実に雄大に構えている。その名にふさわしい男性的な不動の迫力である。折りから上空の大きなカナテコ雲が茜色に染まり、先刻までの空の青さは次第にそのトーンを落としていく。南アの南端にあって延々と続く山並に圧倒され、しばらくの間、この天と地の織りなす壮大な光のシンフォニーの世界に、我を忘れて引きずり込まれていた。その夜、静寂の中に月光を浴びて凛として立つ、聖岳の蒼々とした雄姿は、今でも強烈に瞼の底に焼き付いて離れることがない。

翌日、早朝に小屋を発って百俣沢の頭で信濃俣への道と別かれて、柴沢小屋に下る。森林伐採用の作業小屋を、ときには岩魚を求めて奥山深く沢を遡ってくる釣り人が利用しているのであろうか。程なくそれらしい人たちに出会った（今はこの小屋も朽廃してしまったとのことである）。

更に沢沿いに釜ノ島小屋に向かう。この辺りになると道の両側に夏草が深く繁茂している。聞こえるのは瀬音のみ。突然、シュルシュルと草の葉を擦りつけるような不自然な音が耳に入る。注意深く足元付近を見据えると、すぐそばの草の間から、直径十センチ以上もあろうかと思われる太い蛇の胴体の一部が、静かにかつ滑らかに移動していく。どこに頭や尻尾の先があるのか、深い草むらの中に埋まって見えない。不安でしばらく動けなかった。あれ程巨大な蛇はそれまでも又その後も見たことがない。

釜ノ島小屋は骨組みと屋根だけの名ばかりの小屋であった。森林軌道の跡を辿り、大根沢との出合いで滑滝の縁をへつり、間もなく取付け道を見付けて林道に出て、昼下がりの暑さに閉口しながら、今夜のビバークの適地を求めて歩き続ける。寸又温泉までまだ二十キロ近くあると思われる地点で、林道工事作業中のトラックに出会う。「しばらく待てば作業が終わるから乗っていけ」とのこと。新品の登山靴が足になじまず、悪戦苦闘していた渡瀬の状態も今や限界で、まさに渡りに船であった。お蔭で温泉を通り越して一気に千頭駅に到着し、予定より一日早く静岡に帰り着くことができた。

かくしてこの年の夏山も無事に終わったのであった。

遅れてきた裁判官

昭和四十八年秋、三回目の司法試験（論文式）に落ち、更に翌年度は択一式試験にも失敗してしまった。既に四十歳となり、長女は中学二年生、長男は小学四年生となっていた。心の隅で法律という学問に親しめなかったものの、ここまできたならば、この先法律を手段として生きてみたいという思いもあった。たまたま簡易裁判所判事選考試験の受験資格に達していたので、昭和五十年度の選考試験を受験し合格した。そしてその年の八月一日付で簡易裁判所判事に任命された。まさに遅れてきた裁判官である。

九月から十一月までは司法研修所における初任研修、翌年三月までは実務を担当しながらの研修期間であった。この間の十月、東京での研修中、恩師の島谷先生が急逝されてしまったことは返す返すも残念であった。まだまだ多くのことを学びたかったのだが。

裁判官になって初めて地方裁判所、簡易裁判所の刑事、民事の法廷を見聞した私にとって、同じ裁判所と呼ばれていても家庭裁判所とは大きく異なり、その全てが新しい体験であった。今にして思えばこれは私の人生の大きな節目になっている。心理臨床家としての家裁調査官から法律専門職としての裁判官への職種の転換が、その後の転勤に起因する漂泊の契機となったのである。

この転換は私の三十代末期まで蓄積し続けた青春の名残との決別を要求した。人間存在へのアプローチという意味において、己の力量不足を知り、一歩退いてしまった思いがした。その結果、得たものより失ったものの方が遥かに大きかったかもしれない。喪失のみでそこに何らの成熟も得られなかったかもしれない。しかし、それは既に私を超えてしまった問題である。ただ今でもあのとき、熱かった何かをふっきってしまった思いが微かに残っている。司法研修所の寮があった松戸近辺の空地の至る所に、文字どおりのセイタカアワダチソウが背丈程に暑苦しく伸び茂り、例年になく残暑が続いた年であった。

簡易裁判所は地方裁判所と同じく刑事、民事の事件を取り扱う。しかし、刑事事件は原則として罰金刑以下の事件（多くは交通事件である）を扱う。例外的には、窃盗罪、横領罪、常習賭博罪、ぞう物罪などを犯した被告人を対象とし、その場合禁固刑及び三年を超える懲役刑の言い渡しはできないという科刑権の制限がある。

民事事件は訴訟の目的額が九十万円以下の事件を取り扱う。ただし、訴訟においても当事者双方が合意すれば九十万円を超える事件も取り扱い、民事調停事件では対象となる物の価額に制限はない。

簡易裁判所における裁判は常に一人制であり、合議制はない。このように、市民レベルの事件を、市民と密着して司法権を行使することを念頭において、戦後新憲法施行と同時に発足した制度である。

民事事件では土地境界の争い、土地・建物の明け渡し、地代・家賃の増額、貸金返還、売掛代金請求、交通事故などによる損害賠償、通行権・日照権の争い、市民の日常生活から発生する騒音、悪臭などさまざまの紛争が対象となり、その発生原因は種々雑多で限りがない。

　裁判官の仕事は孤独で厳しい。最高裁判所判例のほか、多くの裁判先例あるいは実務家、学者の説を参考にするが、世の中に全く同一の事件はない。従って最終的には自身の決断によるほか、仕事は完結しない。また、家裁調査官の仕事に比べて、随分人間が遠くなってしまった。刑事被告人席は法壇から一定の距離を置いて視線の下にあり、しかも証拠書類、証人などの証拠の収集は検察官、弁護人（被告人）という当事者の手に委ねられている。

　法廷は原則として公開である。被告人質問で被告人に接して知る事実は、まず犯罪事実の存否であり、その事実に関連し付随する事情である。罪となる行為のあることを前提として、それに対する罰即ち責任の量を決するのが刑事裁判の本質である。その犯罪者の予後は被告人自身のほかは刑務所、保護観察所などの執行機関に委ねられている。ここでは家庭裁判所におけるような、対象者に直接働き掛ける権能はない。多数の事件処理のため限定された時間内に、法廷に出された証拠資料によって結論を出す。

刑事担当裁判官として、審理を尽くして判決を言い渡す際、被告人が再度罪を犯さぬこと、二度と被告人としてその席に立たないことを願わずにはいられない。裁判官への転官の際に頂戴した、先輩の依田家裁調査官からの「思いやりのある裁判を心がけてください」の言葉は、単純だが胸に刻み付けるに充分の重みがあった。

このようにして、私は数多くの市民紛争の波の中に、今までとは異なった立場で分け入ることになった。

第二章

心は自然へと回帰する

粉雪舞う北国へ──遠野

昭和五十一年三月末、住み慣れた静岡を離れ、岩手県遠野市での生活が始まった。この年、長女は中学三年生となって高校進学を控えていた。このため、妻もそのまま教師の勤めを続けながら静岡に残ることになり、初めての単身赴任生活となった。

桜の開花が始まった静岡を発って、春は名のみの冬枯れの山々に囲まれた、ひっそりとした遠野駅のプラットホームに降り立ったとき、この北国ではまだ粉雪が舞い散っていた。遠野郷の人々は、自然の厳しさと優しさを知り、これと同化した世界の中で生き続けてきたのだろう。彼らの心には、ときの流れの中で知らず知らずのうちに、自然に対する畏れと己の命のはかなさ故の大切さが伝承されているのではなかろうかと思った。

柳田国男の『遠野物語』とともにハヤチネウスユキソウで知られる早池峰の名は、その心地よい響きで以前から聞き知っていた。この山を初めて見たのはこの地に住んで間もなくの四月初めのことであった。市街地からも雪に被われた山頂付近を遠く垣間見ることができるが、宿舎の裏山を登った物見山（七〇〇メートル）の頂上付近で見た早池峰は、遠野三山の六角牛（ろっこうし）を右に、石神山を左に従え、そのずっと奥にいかにも三山の盟主にふさわしく堂々と横たわり、折りからの早春の陽光をその真っ白な肌で跳ね返していたのであった。

遠野。この北上山地の真っ只中の盆地に住むことになったときから、私は早池峰を始め多くの東北の山々を歩き廻るつもりであった。

そして六月の初め、春の遅いこの地でもリンゴの花が盛りを過ぎ、ヤマツツジが咲き始めたある好天の日曜日の朝、最初の山歩きに出かけた。

附馬牛（つくもうし）の大出にある早池峰神社の傍らから林道を車で登り、馬返しから歩き始める。そこはもう『遠野物語』の天狗の世界である。深く暗い森は優しい緑に覆われている。山道は間もなく幅二十メートル、落差十メートル程のスラブの滑滝を巻いていく。土地の人はこの滝を孝行息子の又一の民話にちなんで又一の滝と呼んでいる。滝壺の岩魚の影が、人の気配を感じて素早く走っていった。

登る程に、左手沢の向こうに新緑の薬師岳がそのなだらかな山容を見せる。平坦な稜線上の気持ちのいいシラカバの林を抜け、深い針葉樹林帯を少し下ると小田越えに出る。ここには立派な小屋があり水場も近い。誰もいない小屋で一服する。早池峰神楽（はやちねかぐら）で知られた大迫町の岳集落から川井村に抜ける林道が走っている。これを横切って目指す本峰への登りにかかる。しばらくは湿地帯で所々に木道が設置されている。

やがて樹林帯を抜けると頂上までは巨岩の連続である。これを飛び石状に登っていく。何ヵ所かの鎖場がある。

エーデルワイスに似ているというハヤチネウスユキソウが見え始めると稜線は近い。あの星形の、地味な白いむく毛に包まれてふっくらとした花は、一面の群落としてではなく、岩陰にそっと控え目に咲いている。早池峰一帯は高山植物の種類が多い。早池峰山岳会の阿部氏はそれらの花々を丹念に撮影しており、例会の際、そのスライドを丁寧に説明してくれたことを思い出す。

やがて山頂付近の稜線に出る。北に遠く南部富士と呼ばれる岩手山、その右に小さいながら端正な姿の姫神山が見える。残念ながら西の方は雲が張り出している。鳥海山はその彼方であろう。辺りにはまだ残雪が多い。頂上避難小屋近くの早池峰神社の奥の院には武運長久の鉄の鉾が多く奉納されている。暗い戦時下の遺物である。

盛岡から来たという三人連れのほかには誰もいない。静かである。透明感溢れる空気が辺り一面に立ち込めている。のんびりとした気分に浸り、岩角に腰を下ろして周囲のまだ名も知らぬ山々を無心に眺めていた。そのとき、背後から突然「今何時ですか」と尋ねられた。あの明るく澄んだ、華やぎのうちにも抑制の利いた響きが、先刻のウスユキソウの姿と重なって、残雪の岩陰に未だに忘れ難く残っている。

このようにして三陸海岸沿いの五葉山の四季に触れ、岩手山、姫神山、秋田駒ヶ岳、焼石岳更に鳥海山、八甲田山などを歩いた。そして截然（せつぜん）とした季節を現前させる自然の移ろいを知るとともに、冷害で稲穂が実らぬままに素枯れて刈り倒される寒さの夏も、気温零度を暖かいと思う程の北上山地の厳しい寒さも体験した。

和解しにくい山林紛争

遠野に常駐する裁判官はひとりである。誰ひとり知る人のない見知らぬ土地での生活をまず安定させなければならない。それは土地を知り、人を知ることから始まる。ここにきて中学高校時代の卓球への熱中が役に立った。市の卓球協会の人たちとの交流は、この地に住んだ三年の歳月を超えていつまでもその温もりを蘇らせてくれる。

また、山行をともにする機会は少なかったが、早池峰山岳会の仲間の活動にも参加し、東北地方の片隅にも山を愛し、氷雪に挑む若者たちがそれぞれにその青春の時を刻んでいることを知った。

しかし、宮沢賢治の詩にもあるように、平和に見えるここにも人と人との紛争は起こる。たとえば、二十ヘクタールにも及ぶ山林をめぐっての所有権の争いがあった。四、五十年にも及ぶ山林とそれに関わる人々の歴史の中で、山林紛争は起こる。既に証拠は散逸し決定的な書証はない。

事件の原告は、占有状態が曖昧になってしまった自身の山林の所有権を訴えて裁判を起こした。事情はかなり複雑である。原告は過去に火を出して集落の人々に迷惑をかけ、住みにくくなってしまったため、長期にわたって外地に出稼ぎに出ていた。この間、自身の山林に手を入れることはなかったのであろう。占有状態が曖昧になってしまったのである。

そこへ、被告として訴えられた人物が、戦後間もなく植林をしてしまったという。

その植林も、三十年余りを経て原状の手掛かりはほとんどない。郷里に戻ってようやく名誉を回復しつつあった原告は、容易に退く訳にはいかない。しかし、長期間の訴訟を継続することは精神的に相当な疲労をもたらす。証拠を積み重ねる以外に結論に到達する道はない。

この種の和解が成立しにくい紛争は、関係人全てが心身ともに疲労し、ときにはその疲労故に命を縮めることさえある。ここにも又どうにもならない運命にはまってしまった人間の哀しい姿がある。

このような複雑で長期化した民事訴訟事件の判決言い渡しの際、勝訴した当事者が、法廷で「ありがとうございました」と深々と頭を下げることがある。しかし、決定的な証拠が存在する事件は別として、そのような証拠がないまま双方が人証、書証を次々に繰り出して争われる事件では、多くの場合敗訴者は納得せず、不服申立（控訴）ということになる。そして、裁判はますます長期化し泥沼に落ち込んでいくのである。これは判決による民事紛争解決の限界である。それ故にこそ私は、双方ともに一部の不満は残っても、訴訟関係人全員が互譲への相当な努力を積み重ねて、和解により紛争を解決するのが望ましいと思うのである。

遠野では職場の若く爽やかな照井事務官と山行した。秋の早池峰、鳥海山、晩秋の秋田駒ヶ岳、八甲田山などの多くの山々を歩いた。職員旅行に山登りを選んで登った裏岩手山、月山も懐かしい。

昭和五十二年十月半ば、小岩井農場方面から秋田へ抜ける、まだ開通間もない仙岩トンネル手前の国見温泉から登って、秋田駒ヶ岳を経て乳頭山から黒湯温泉に下ったことがある。駒ヶ岳からの、草紅葉に薄く雪を被った湿原には数多くの池塘があり、東の方遥かに岩手山、その左手に延々と続く八幡平の、まるで丘陵のような連なりを見ながら、誰もいない秋を心ゆくまで胸に深く吸い込んだ。あの思いが、今も鮮やかに脳裏に蘇ってくる。乳頭山の狭い頂には強い風が吹き、数日前に降った雪が岩肌に凍り付いていた。黒湯温泉の露天風呂は茅葺き屋根の母屋とともに、周囲の燃えるような紅葉に染められて、深まりゆく秋を惜しむ風情が色濃く漂っていた。

翌日も玉川温泉沿いに目の覚めるような錦繍を満喫しながら、後生掛温泉、蒸（ふけ）の湯を経て八幡平に寄った。ここでは既に紅葉の世界は消え、アオモリトドマツの樹林帯の暗い緑と八幡沼の周りの新雪の白とのコントラストが鮮やかであった。八幡平から盛岡へ下る南面の笹原はこのとき、晩秋の午後の明るい日差しを受けて伸びやかに広がっていた。

陸奥は、その昔の西行、芭蕉をいうまでもなく、石川啄木、宮沢賢治、高村光太郎と詩人の足跡が多い。それら詩人のおちこちに漂う魂は、漂泊の思いやまぬ私を内面から絶えず刺激し続けていた。

やわらかに　柳あおめる　北上の
　岸辺目に見ゆ　泣けとごとくに

岩手県玉山村渋民の、北上河畔にある啄木の歌碑の向こう遥かに岩手山を見た。遠野で初めての冬を迎えようとしていた十二月初めのことであった。辺りはひっそりとして誰もいない。北国の冬の訪れは早い。既に山の北側斜面はべったりと雪に覆われている。そのとき、啄木の若い命を育んだこの故郷の山の静かさと美しさは、南部富士の名にふさわしく私の心に深く刻まれた。

そして昭和五十三年七月、岩手山に登った。

梅雨明けの夏雲が盛岡盆地の北側の山々の上に、明るい夏の光を眩しく照り返していた。

早朝に遠野を発って、柳沢の岩手山神社の鳥居を抜け、広い参道の奥に車を停めて登り始める。目の前いっぱいに山が広がって迫ってきた。北側斜面は、噴火で押し流された火山岩流が幾筋もの襞を作って深くえぐれ、ここからでは草も木も見当たらない。

次第に高度を稼ぎ、カバの灌木帯に入る。夏の日差しはますます強い。最後の急登を登り切ると不動平の水場に出る。そこの避難小屋には日差しを避けて何人かの登山者が休んでいた。ここからは砂礫続きで足元が沈み、西側に廻り込みながら外輪山の縁に出る。意外に時間が掛かった。

緩やかな山頂付近には、一面のピンクのコマクサの群落があり、夏の日差しの隙間を吹き抜ける涼風とともに、疲れた身体を心地よく癒してくれる。これ程多くのコマクサだけが咲く山を未だ見たことがない。西側は延々と奥羽山脈に深く連なり、東南に位置する盛岡の街の遥か彼方に、広大な北上山地が広がる。その真ん中に、早池峰がひと際抜きん出てその頭を伸ばしている。ぐっと手前左側の姫神山のピラミダルな山容が美しい。

これより前、昭和五十一年秋、山頂へは届かなかったが、職場の仲間たちと網張温泉の裏手から犬倉、姥倉、黒倉を経て鬼ヶ城と呼ばれる痩せ尾根を辿ったことがあった。犬倉から黒倉への伸びやかな笹原とシラカバの黄葉と、その背後に深く削り込まれた火山崖とが強烈なコントラストを構成して、そこにたゆとう自然の交響曲を奏でていた。犬倉からの下りで、北に続く山々の果てに、夕暮れ近い斜陽を溶かして淡い虹がぽっかりと浮かんでいた。

あの夕暮れの虹の日から、各地を漂泊して茫々二十有余年の春秋が去った。遠野はその漂泊の出発の地である。あのとき、まだ越えねばならない多くの山並が私の前にあった。それは個々具体的な山というのではなく、うちなる山に象徴される一抹の不安と緊張を孕んだ憧れであった。遠野は我が半生の区切りの地という意味において、絶えることなく常に心の片隅に留まっている。

サラ金事件の波―浜松

昭和五十四年四月、浜松へ転勤した。遠野の卓球仲間の善ちゃんこと笹村、海上、菊池の諸氏、それに照井君らが、同じく卓球協会の今淵商店の二トントラックで浜松まで荷物を運搬してくれるということになった。せっかくの好意を断る理由もなかったので、途中一泊の日程で引っ越しをした。

五十万都市浜松の事件数は、遠野とは異なり飛躍的に多い。そしてその内容も明らかに農村社会におけるそれではなかった。静岡市に住む家族との距離は縮まったものの、仕事の性質上、又警察から請求される逮捕状その他の各種令状処理の当番もあり、静岡浜松間約百キロの通勤は困難で、宿舎住まいの上いわゆる土帰月来の生活となった。

昭和五十五年九月に、先輩裁判官が急逝したが補充がつかず、忙しい日々が続いた。翌年の四月になって補充されたものの、その半年後に静岡簡易裁判所でも同様に同僚裁判官の突然の死亡があり、又々欠員状態に戻ってしまった。

驚く程膨大になった自己破産者たち

当時は第一次のサラリーマン金融関係の民事調停事件が急増していた。ひとりで二、三十社から借金した揚げ句、その返済に窮して調停の申立をするという、いわゆるサラ金調停事件の処理が、業務の多忙に拍車を掛ける始末であった。その当時の業者にはかなりあくどいものもいた。この種の調停は会議室などの広い部屋で、多数の債権者らとの集団交渉になることが多かったが、ときには債務者に対する怒号罵声が飛び交うこともあった。蟻地獄に陥った債務者はまさに平身低頭している。損害金の全部もしくは元金の一部を免除してもらおうと、親戚縁者からかき集めた現金で一括払いをして、何とかこの地獄から抜け出さなければならなかった。

昭和五十八年十二月一日に貸金業規制法が施行され、金利の上限及び業者の登録が規制され、この種の調停は一時沈静化していた。しかし、いわゆるバブル崩壊やその後の景気沈滞、低金利の経済状況の中で、再びサラ金地獄の様相が現れた。

市民の金銭借り入れに対する唯一の規制法である利息制限法は、昭和二十九年制定当時のままに、百万円未満の借り入れに対する利率の上限が、年一割八分ないし二割となっている。しかし、多くのサラ金業者はこの上限を超えて、貸し出しが許される出資の受入れ、預り金や金利などの取締りに関する法律、そして貸金業規制法四三条の規定を適用して、年四割近い利率で契約しているのが現状である。

このような消費者金融の背景の下で、ノンバンクと呼ばれる金融会社の金融界における収益額、収益率の突出ぶりが著しい。官報の号外に毎月宣告される自己破産者の数は、家庭の主婦を含めて全国に驚く程膨大である。しかもその大半は、残された手持ちの財産が破産手続費用にも満たず免責されているのである。

この破産免責者と生活の実態においてほとんど大差のない、破産予備軍ともいうべき消費者も、膨大な数にのぼる。その多くは破産宣告申立の手続費用が不足していたり、あるいは総債務額が二、三百万円以下で年収もこれとほぼ同額あるために、破産宣告決定を得る見通しもないのである。彼らが日々の生活を極端に切り詰めて、借金苦に窮々としている状況は、健康で文化的な最低限度の生活からも程遠い。

交通違反者の罰金刑が年々膨大な数に及び、その結果、罰金の刑罰としての効果が薄れていく。破産宣告もこれと同じ状況になることがある。破産免責決定を受けた債務者が、債権者らからの追及という重荷から解放されて新しい生活への意欲を駆り立て、新規巻き直しの生活設計を立ててくれればよいのだが、自己破産者にとって生活の立て直しは必ずしも容易ではない。中には三年後五年後に再び破綻してしまう例もある。このように消費者金融の底辺は、極めて不健全な生活層を常時抱えている。

結局これらの債務者は財産管理能力の難点があり、これは通常の社会生活を遂行する上で、一種の障害者ではなかろうかと思われる。所有する不動産を次々に担保に入れて失い、家庭裁判所において準禁治産宣告が決定される事例もある。

自由競争は、抽象的な平均人を前提にして成立する。しかし、現実の社会は平均以下の多くの人々をも含んでいる。この弱者をあらかじめチェックする機関はない。全て結果が発生してからの、いわば後始末である。

一方に「契約自由の原則」「契約は守られるべし」という契約社会の原則があり、他方にこの原則にいう対等の関係を維持できない人々がいるという現実がある。この調和点を見い出すのが、サラ金調停事件の解決の鍵なのである。公的教育におけるこの種の社会知識の周知徹底が切に望まれる。

どこの土地に転勤しても、土地の境界の争いは続く。都市部においては宅地、特に商店街の間口の争いとなるとわずか十センチ二十センチの幅が、隣接する所有者の間で深刻な問題となる。店舗の広さ、保管する商品の倉庫の規模などに関係するからである。大企業ならぬ小商店主同士、庶民レベルの紛争である。

ともに決定的な証拠もなく、双方の代理人弁護士により多くの書証が提出され、証人尋問も尽くし、現地の状況も検証して、一年近くの弁論、証拠調べと期日を重ねた後に、突然決定的な証拠が提出されたこともある。それは争われている土地の上に、先代が五十年近く前に建てた建物の天井裏から、建築当時の施主の筆できっちりと描かれた敷地と建物の配置図が発見され、これと提出済みの証拠とがぴったり符合したのである。

このような決定的な証拠が提出されると、判決は容易に起案できる。しかし、判決による解決は、必ずしも円満な解決策にはならない。物事が法律的に解決されるということと、現実の生活のレベルで解決されるということとの間には、ギャップがあるからである。

この事案でも、その撤去に多額の費用を要すると思われる鉄筋コンクリート造りの側壁が、わずかに境界線からはみ出しているに過ぎなかった。裁判所は審理の経緯を踏まえて、はみ出し部分の土地の買取りなどの方法を提示して双方に和解を勧告した。だが、敗訴が予想される被告の方でなぜかこれを頑なに拒否して、結局判決となってしまった。この判決に不服申立をすれば控訴審でも和解が勧告されたであろうが、本件では不服申立がなく一審判決が確定してしまった。こうなると強制執行手続きによって、敗訴者は自己の費用で越境部分を撤去しなければならないのである。

このように、土地紛争における真の解決は法律レベルにはないことを教えられた。法律的な問題解決は、物事の解決への一指標に過ぎないと思う。私の和解による解決への努力が足りなかったのであろう。心残りの事件であった。

浜松での一年目、民事訴訟係のパートナーである寺尾書記官と竜頭山、京丸ボタン伝説の京丸山、信州国境の熊伏山、ヤシオツツジの岩岳山、常光寺山など気田川、水窪川上流の遠州の山々を歩いた。

寺尾書記官はその後郷里の新潟へ帰任した。私は、家裁調査官時代の渡瀬、村松の両君が静岡家裁浜松支部に在勤していたので、旧交を温めながら、南アルプス南部の山々を中心に山行を再開した。このころのメンバーには静岡地裁浜松支部の亀川裁判官、高原裁判官、それに非行問題をテーマに村松調査官が主宰していた研究会のメンバーで、浜松中央警察署の岡田少年補導員、国立浜松病院の坪井臨床検査技師（いずれもＢＢＳ会員）らも加わった。又、浜松に転勤した直後から、山登りのための足腰トレーニングとして村松調査官にコーチされたテニスが、その後の転勤先で土地の人々との交流に大きく役に立ったことも付記しておきたい。

悪沢岳（三一四一メートル）

昭和五十八年八月、渡瀬、村松に亀川裁判官を加えた私たちは、雨の中、大井川鉄道千頭を経て井川ダム駅に着いた。そこで静岡から参加の渡辺調査官を乗せたバスに乗り継ぎ、五年ぶりに畑薙ダムに降り立った。椛島ロッジがこの年開設されて、東海パルプのリムジンバスであっさりロッジに運び込まれてしまった。

久し振りの三千メートルであるし、亀川、渡辺のふたりにとっては初めての南アの深奥部ということで、無理をしないゆっくり登山の日程であった。真新しいヒノキの香り豊かな湯舟にゆったりと浸かり、明日からのアルバイトに備えた。雨は上がり、この緑深い谷間にはゆっくりと霧が流れていた。

明くる朝、千枚小屋に向かう。この辺り、伐採のためであろうか、林道が何本も延びている。幾つか林道を横切ると、伐採林の跡が広い蕨の段の水場に出た。木陰が少なく夏草が茂り、太陽がじりじり照りつける。再び樹林帯に入り、駒鳥の池に着く。朽ちた倒木が水中に突き刺さり、藻が枯れ枝にまつわりついている。モミ、ツガマツの深い樹林の中で、ほとんど日も差さない。全く静かである。

千枚小屋に荷物を置いて千枚岳に登る。天気は下り坂なのか、ガスが遮って白根三山へ続く山並は見えない。間近に悪沢岳が迫る。そして雲海を隔てた南の巨大な岩の塊、赤石岳は、さすがに南アルプス南部の盟主にふさわしく、悠揚として迫らぬ風情の中に、凛として気品に溢れている。

翌日は午前中小雨が降った。悪沢岳頂上から振り返っても何も見えなかったが、雨に濡れたチングルマ、キンポウゲなどの、斜面に広がる花々は心和ませる明るい風景であった。荒川中岳からジグザグに下った鞍部に荒川小屋がある。雨が上がり周囲の山が見えてきた。

富士が雲海の向こうに浮かぶ。

サブザックで大聖寺平から小赤石、赤石岳にピストンする。頂上での展望はあまり利かなかったが、大聖寺平の広々としたハイマツ帯に憩う。その目の前に頭頂部をガスに巻かれて聳り立つ荒川前岳の雄大な容姿。今、南ア中心部の真っ只中に入り込んでいるという、ゾクゾクするような快感を与えるのに充分な迫力であった。

翌日はその大聖寺平からほとんど直下に、遠く伊那谷に蛇行する小渋川に下った。広河原の清冽な流れに足を入れる。冷たい。のんびりと河原で昼食を作ったりしていたまではよかったが、午後、又々雨が激しくなった。途中から高巻きルートに入ったが、荒れた登山道にてこずり、小渋川上流の砂防ダムに午後六時に近くに到着。更に一時間余りの林道を下って、宿泊予定の荒川ロッジに着いたのは七時過ぎであった。

しかし、ホッとしたのも束の間、宿泊者がないのかここの扉は固く閉ざされていた。小屋を予定してテントを持参していなかったため、近くの民家に宿泊施設を訪ねて赤石荘国民宿舎を探し当てたが、まだここから一時間以上あるという絶望的状況であった。しかし、既に多少晩酌の入った民家の人の好意に甘えて、軽トラックで運んでもらった。夜九時近く、疲労困憊の身体を温泉に浸してようやく人心地つく思いがした。あの夜、ほとんど明かりのない真っ暗な行く手に一点の明かりを与えてくれたあの国民宿舎は、すこぶる豪華に見えたものであった。

この夏の山行以来、渡瀬、村松を中心に、年中行事として毎夏、五、六日の山行が十年来続いている。いつまで続けることができるか楽しみでもあるが、その裏にはお互いに体力、気力の減退という恐れが付いて離れない。

赤石岳（三一二〇メートル）

昭和五十七年七月末、この年は梅雨がなかなか明けなかった。例年のメンバーである渡瀬が不参加となり、村松、高原、坪井の四人で赤石、聖岳の縦走を計画した。我々は、雨の椹島ロッジで山行第一夜を明かした。翌朝、出発のひとときだけ小雨となったのみで、赤石尾根のジグザグの急登は土砂降りの中であった。

深い針葉樹林帯が延々と続く。ポンチョを枝に引っ掛けて雨を防ぎ、昼食を作る。赤石小屋にはそれでも数人が入っていた。晴れていれば、小屋の正面に巨大な赤石岳の山塊が不動に構えているはずなのだが、濃い霧に遮られて何も見えない。

翌日も雨の中を登る。富士見平に出ても相変わらず視界は利かない。濡れた身体にまつわりつくキンポウゲの群落が鮮やかで瑞々しい。稜線上に出たころから雨は上がったが、ガスは沈澱したまま。赤石岳のピークを越えた避難小屋の窪地一帯は残雪で埋まっている。気温は上がらず、セーター、ヤッケを着込んでも寒い程である。熱いラーメンのできあがりが何と待ち遠しいことか。

二重山稜の赤石山頂付近の大きな広がりは、前回と同じくこの年も、この目にしかと確かめることができなかった。広い稜線上をガスに巻かれぬように注意深く踏み跡を辿る。百間平は晴れていれば気持ちのよい所であろうが、こんな日は逆に悪場で、ルートを外しやすい。緊張の連続である。霧が流れてときどき山容の手掛かりを与えてくれる。ようやく百間洞のテント場に着く。夕方から少しずつガスが上がり始めた。

翌日は雲が切れてときどき太陽が顔を出す。大沢岳と中盛丸山の鞍部から稜線沿いに兎岳に至る。赤石の山頂付近は相変わらず見えないが、それ故にいっそうその山塊が迫力を増す。兎岳からの聖岳も又迫力充分。聖岳山頂から南は展望したが北側は不透明で、赤石は雲に抱かれたままである。聖平への下りで再び雨に見舞われたが、折りからニッコウキスゲが鮮やかな満開の群落で迎えてくれた。

翌日は快晴であった。聖沢沿いに下り、吊橋の下の沢で啜ったソーメンは、無事下山の安堵感も加わってうまいことこの上なしであった。赤石沢の、あのコバルトブルーに澄み切った淵の深さが印象的であった。

この日から二日後、南アルプス一帯は猛烈な台風に襲われて各所で崩壊、増水し、大井川に架かる幾つかの橋も流失した。椹島林道はズタズタとなり、入山していた登山者は椹島からヘリコプターで救出されたとのことであった。

このため車両通行不能となり、翌五十八年夏は畑薙ダムから椹島までの林道を、以前にように歩き続けて赤石岳に登頂した。三度目にしてようやく広い山頂を満喫し、大聖寺平から荒川、千枚岳に抜けた。赤石岳を中心に荒川三山、聖岳の山容は、その悠揚迫らざる安定感、山塊の巨大さ、山腹の樹林帯の懐の深さの故に、いつまでも私を惹きつけてやまない。そしてそれは、我が愛する故郷の山々でもある。

間ノ岳（三一八九メートル）

大井川の源頭は、この山の頂上直下の岩陰を伝わって落ちる一滴の水である。北岳と農鳥岳の間に位置するところからか、昭和五十五年秋の三山縦走では全くの通過点に過ぎなかった。北岳山荘から中白根に登り詰めると、その南にどっしりと膨大な山塊が迫る。頂上は広く緩やかで最高点も定かでない。しかし、快晴の日、ここから見渡す南アルプスの山々は、その懐の深さをしみじみと印象付けてくれる。

北岳が意外にピラミダルである。南の方荒川三山の右手に塩見岳が形よく見える。

昭和五十九年八月上旬、仙丈岳から入った。この山行は多勢であった。渡瀬、村松、岡田、坪井、田中、寺尾の七人。広河原で浜松組と合流し、北沢峠から登り仙丈の避難小屋に泊まる。夕方から霧雨。翌朝も霧が深かったが、仙丈岳頂上から大仙丈岳に抜けるころから日が差し始める。倒木が多い。馬鹿尾根と呼ばれるだけあってアップダウンが激しい。

伊那荒倉岳、横川岳を経て、野呂川越えを両俣小屋に下る。二年前の台風で小屋は流されたそうだ。そのときの逃避行の顛末を小屋番の星さんが記した本が、今は修復された小屋で頒布されていた。女性の星さんがどうして小屋番の生活を続けていられるのか理解の限りではなかったが、この山深い谷間にはそのような謎がふさわしいようにも思われた。

三峯岳への途中、村松が膝を痛めてリタイアした。内心これから先一泊二日の行程に耐え切れるか心配だったのであろう。渡瀬と私は残り女性ばかりのパーティーに多少の不安を感じたが、天気は良好。村松と別れ三峯岳への急登も一同無事に登り切った。

ゆっくり休んで間ノ岳への稜線を歩き、農鳥岳との鞍部の小屋に着く。女ながら荷物の大きさを見てか、既に小屋で休んでいた中年の登山客らが、「女子大の山岳部ですか」と尋ねる。彼女らがそれ程に年若く見えたのであろうか。

時間があるので西農鳥に登る。ここからの間ノ岳はまさに岩のマッスである。眼下の小屋が鞍部に、小さくマッチ箱のように、岩にへばりついている。

小屋に戻り夕食の準備に取りかかる。水場はかなり下ったお花畑の中にあった。次第にアーベントロートに染まっていく空と山の光景を眺めながらの食事は、今日の疲れを一気に忘れさせてくれる。

しかし、その夜のブヨの大群には恐れ入った。シュラフの中にも潜り込み、体の至るところを噛みつかれ、翌朝、額までもでこぼこの始末であった。腫れが治るまで二ヵ月余りを要した。あれ程強力なブヨの大群に襲われたことは未だかつてない。

翌日は再び間ノ岳頂上に遊び、北岳山頂から小太郎尾根、大樺沢を下って広河原に戻る。両俣小屋に泊まった村松も無事に帰っていた。その夜は芦安温泉で久し振りにゆっくり汗を拭う。その年、まだ夏は真っ盛りであった。

高山のふもとで—佐久

昭和五十八年四月、四年間過ごした浜松から信州佐久へ転勤した。

長女が東京の大学に在籍していたので東京への転勤を希望していたのだが、人事異動は概ね大、中、小の裁判所を巡回する一定のローテーションがあるようで、希望任地に補充の必要がないこともある。従って、任地の希望は必ずしも通らない。しょせん転勤は覚悟の上であるから、常に新しい土地における新しい人々との交流の可能性を期待して、前向きにこれを受け止めることにしている。

佐久簡裁の管轄は広い。管轄内に佐久、小諸、軽井沢、望月、臼田の五警察署がある。南の野辺山高原は甲武信、国師、金峰など奥秩父の山稜に接し、北には群馬県境の浅間山がある。当時ここに常駐する裁判官はひとりであった。

赴任の際、静岡を出発し、富士山西麓に広がる朝霧高原を精進湖に抜け、南甲府から中央道を走って須玉で下り、国道141号線で清里を経て野辺山高原を登り切った。そのとき、目の前いっぱいに広がる残雪の八ヶ岳連峰の雄大な姿に見惚れた。そして、この頂のひとつひとつに踏み跡を残したいものだと密かに思ったものであった。

佐久市は標高七〇〇メートルの佐久平に広がっている。中山道の宿場町岩村田がその中心であったが、南の中込、野沢などの周辺町村を合併して市政が施かれ、近年次第にその中心が中込方面に移っているようである。

二階の執務室から眺めると、佐久警察署の日の丸の旗の遥か向こうに、八ヶ岳の北端双子山と重なって、蓼科山（土地では立科山という）の山頂部分がわずかに覗いている。この頂に、五月初旬の快晴の日に立った。

そこは大小の岩の塊を振り撒いたような、ほとんど平らの周囲二、三百メートル程の空間であった。

ぐるっと廻ってその南端に立つ。八ヶ岳連峰、北岳、甲斐駒ヶ岳、中央アルプス木曾駒ヶ岳が一望に見える。振り向けばまだ残雪の深い槍、穂高から後立山の山々。北には、ぐっと近くに浅間山が青空に薄い噴煙をなびかせていた。遅い春の静かな昼下がりであった。これから三年の年月を、この自然に囲まれて過ごすのだという思いが沸々と湧いてきた。そのとき見上げた空は、抜けるように青く深かった。

信州には高山が多い。日本中の山のエッセンスが中部山岳地帯にある。立山、後立山連峰、そして針ノ木から槍、穂高に続く二本の北ア主稜線、更に南アルプスまでの山域で、山岳標高ベスト百のうち六十五座を占めているのだ。

仕事が忙しければ忙しい程足が山に向かってしまう。長年の習い性である。しかし、五警察署を管轄内に有すると、各種の令状請求事件が多い。休日の令状当番を長野地裁上田支部（裁判官四名）のローテーションに組み込んでもらって、月に一度は確実に休める態勢を整えた。

無雪期の山は難度の高い岩登りを除けば単独で歩く自信はあった。しかし、準備を整えても万一のことが発生しないとは限らない。しばらく単独行を重ねていたが、そのうち、職場の田中事務官が歩き出し、何回か重ねているうちに八ヶ岳の雪山も射程に入ってきた。更に昭和六十年からは、当時大町支部に勤務していた高橋書記官とも山を通じて知己となり、何回か山行をともにした。大町は後立山へのベースに最適であった。

別荘荒らしとリンゴ泥棒

信州人は理屈っぽく議論好きが多いといわれる。特別にそのように思ったことはないが、土地所有権の範囲が争われる事件が多かった。

そんな中で墓地と地続きになっている山林の斜面について争いがあった。墓地内で伐採した樹木の中に、樹齢五十年から百年の立木があったというのである。江戸時代からの古い墓地には先祖代々の多くの墓石が立ち並んでいる。墓地所有者にしてみれば立木は単に木材としての価値に止まるものではない。それは墓石の下に鎮まる骨壺とともに金銭的価値に代え難い、いわば霊が宿っているのである。

このように、ことを経済レベルで処理し難い事案は、それだけで解決困難である。証人尋問はそれぞれの主張に沿う結果ばかりであったが、書証を積み重ね、現地を検証して調べを尽くしているうちに落ち着くところに落ち着いた。伐採した方が解決金を支払うことで和解が成立し、墳墓の地は再び元の静寂を回復したのである。既に切り株となった立木は元には戻らない。当事者はいずれも心の奥のどこかでは紛争の永続を避けたいのである。

管轄内には、軽井沢を始めとして松原湖、小海町、八千穂村と別荘地が多い。冬場空家となるこれらの別荘は、窃盗犯人には恰好のねぐらである。次から次へ別荘を渡り歩いて犯行を重ね、春を待つのである。佐久管内の刑事事件の特徴であった。

別荘所有者には有名人もいて被害が相当多額に上ることがある。地下街や公園の浮浪者と同様に、一度知った彼らなりの「自由」の味は忘れられない。強盗、恐喝、詐欺犯人に比べれば消極的な犯罪であるが、習癖化し易い犯行である。刑務所と別荘とを繰り返して住み家とした被告人もあった程である。

そんな中で記憶に残る事件がある。二十歳代の兄弟ふたりは、別荘地からさ程遠くないところに住んでいた。そしてシーズンオフに別荘に忍び込み、室内の調度品、骨董などを手当たり次第に盗み出していたのである。それらの品物は換金することもなく自室や物置などに隠匿されていた。最初、遊び型非行として始まった犯行がスリルを呼んで次第に習慣化していった、いわば少年非行の延長線上の犯罪であった。

住居地は八ヶ岳山麓の豊かとはいえない山村である。父親は相当な民間会社から脱サラしてこの地で民宿を経営し、兄弟はこれを手伝っていた。父親はきちんとした背広姿で証言台に立ち、自らの監護不適切を認め、父子間の信頼関係の回復に努める旨を誓った。その姿勢には、信じていた息子たちの行為に対する父としての悲哀が認められた。

大半の被害は回復され、初犯だったこともあり、ふたりに懲役一年執行猶予三年の判決を言い渡した。ところがその後一年も経ないで、再び兄弟の窃盗事件が起訴されたのである。

法廷で同じ被告人の顔を見るのは、裁判官としての力不足を知らされることであり、複雑かつ不本意である。前回の審理で更生を誓ったはずなのに、駄目であったかという悲しみと空しさの感情も入り混じる。

今度の事件はリンゴ畑荒らしであり、単純な野荒らしとはいえない手口だった。リンゴをもぎ取り、ダンボール三箱に詰めたところを現行犯逮捕された。動機は民宿の客に唆されたものであった。

再び法廷に立った父親の苦悩は深かったが、私にはそれでもなお諦めない父の姿が見えた。審理の上、情状特に憫諒（びんりょう）すべきものがあると認め、例外的な再度の執行猶予付きの判決を言い渡した（刑法二五条二項の二、二五条の二、一項）。被告人ふたりと父親が、そのときどのような思いを抱いたか、私には分からない。ただ数年後、言い渡しをした執行猶予付き事件について追跡調査した時点では、彼らに再犯はなかった。

人間から自然へと傾いていく軌跡

佐久簡易裁判所時代に私を育んでくれた人間関係には、当時の柳澤迎善調停協会長を始めとする調停委員の先生方、池の前テニスコートのご夫妻、サンライズテニスクラブの若い仲間たちや卓球で知り合ったマスヤ薬局のご夫妻など忘れることができない方々が多い。

私は昭和三十八年正月から、毎年の年賀状に、ここ一年の自分のうちなる心象を端的に言葉で現して残すことにしている。従って、今手元には三十数枚の過ぎ去った年の年賀状がある。中には顧みて稚拙極まりないものもあり恥ずかしい限りであるが、それはそれでそのときの精一杯の私である以上致し方がない。ここで昭和五十年代の私を振り返ってみたいと思う。

『出会いには、瞬間的なエネルギーの燃焼が必要であり、そのためには、長い時間をかけた精神の蓄積が必要である』（昭和五十年元旦）

これは家庭裁判所調査官の時代である。昭和四十年代から人と人との関わりに捉われ、未熟ながら私なりに愛について考察しようと努めたときがあった。しかし、究極において、人間が人間を心で支持するということが可能かという問題に懐疑的になった。そしていっそのこと、支持しようとすることを止めてしまったらどうかという思いにいき着いてしまった。

『自分というものが分からないまま仕事をするということは、不安です。しかし、その不安が又自分を存在させている源でもあります』（昭和五十一年元旦）

裁判官に転官した年である。その後私の心象は次第に自然へ傾いていく。

『自然に憧れている者と自然の中に生きている者とでは本質的に異なるものがあると思います。なぜならば前者においては自然は自己の外にあり、後者においては自然は自己のうちにあると思われるからです。自己と自然とが何のてらいもなく和合できたならばという思いも又、自然への憧れに過ぎないのでしょうか』（昭和五十二年元旦）

『ときどき山に登ります。静寂と山の霊気の中で急坂を登り詰めていくと、次第にあらゆる思いがふるい落とされて、そこにあるのはただ身体だけになります。何もかもがうちから抜け出してしまって、我がなくなってしまったとき、逆にいとおしい程の存在を感じるのです』（昭和五十三年元旦）

『さすらいという言葉には妙に人を惹き付ける魅力があります。そのかみの西行や芭蕉の旅におけるさすらいには、うちに燃える激しい炎の抑制が感じられます。今、時の流れの中にさすらう我を見詰めるとき、身はさすらわずとも生きていく旅を感じるのです』（昭和五十四年元旦）

これらは単身東北へ向い、遠野で生きていた時代のものである。自然への回帰と漂泊への思いが強く表現されている。

『ささやかながら年の始めに、自己の存在を確認しながら生きてみようと心掛けてから、十数年になりました。以前は、仕事の中で人間と直接的に関わって、そこに映る自己を存在への手掛かりとして見詰めることができたように思います。しかし最近はなぜか、相手に反映する自己のイメージが遠のいてしまったような気がしてなりません。心理学と法律学との対人的アプローチの相違によるものなのでしょうか』(昭和五十五年元旦)

人と人の絶え間ない争いの中で、事件に追われて人間が遠くなってしまった。これは浜松に住んだころである。

その後佐久に移り住んで三年、昭和六十一年の私の年賀状はこうなっていた。

『北に浅間山、南に八ヶ岳の峰々を望み、千曲川の旅情に身をゆだねて、時の流れるままに三年となりました。雪や霧や風や雨、そして碧空に綿雲の舞い流れる日々、歩きめぐった信濃の山のひとつひとつが、生命のひだに刻み込まれました。自然と深く関わりながら、行方の淡い斜陽の光の中に、静かに沈潜して生きていきたいと思います』

八ヶ岳（最高峰赤岳二八九九メートル）

私の八ヶ岳への山旅は、佐久簡易裁判所に着任して間もなくの、ある晴れた日曜日から始まる。

まだ連休前で、麦草峠への国道は所々に雪が残っていた。白駒の池は全面が厚い氷に閉ざされ、モミ、シラビソの樹林帯は深い残雪で、ときどきこれを踏み外すと前進が大きく阻まれる。にゅうから中山に出て、高見石小屋に廻るつもりであった。誰もいない深い樹林の中で、標識も雪の下に埋まり、方向を失ってさまよったあげく、何とか高見石小屋に着いた。小屋番の若者が近くの大岩の頂に座って吹いていたアンデスの横笛ケーナの音色が、物悲しく青い空に吹き抜けていった。

その年の九月の連休に、美濃戸口から行者小屋を経て、混雑する赤岳石室に泊り、中岳、赤岳、横岳、硫黄岳に至る南八ヶ岳の主稜線上を歩いた。稜線上では雨に降られ、景観は望むべくもなかった。

そして十月末には、稲子からしらびそ小屋を経て本沢温泉、夏沢峠、根石岳、天狗岳、中山からにゅうを廻って稲子に戻った。静かなみどり池に映る天狗岳東面に崩れ落ちる岩壁、硫黄岳の爆裂火口を見上げながらの露天風呂。硫黄岳山頂では冷たく強い西風が吹き、その向こうには既に岩襞に雪をくい込んだ阿弥陀岳、赤岳、横岳の岩稜の威容が迫ってい

た。近くシーズンを閉じるという夏沢峠の小屋も静かで、ストーブの煙突から吐き出す煙が微かに温もりを伝えていた。

翌日は快晴。根石岳から天狗岳への稜線は、青く澄んだ天蓋の下、快いプロムナード。にゅうの巨岩の隙間から遠く彼方に小さく富士山が覗かれ、久し振りに郷里の山を見て懐かしさが胸のうちに広がっていった。シーズン外れのシャクナゲの尾根を避けて、最近そのように呼ばれ始めた白樺尾根を下った。一面のシラカバとカラマツの色付いた黄葉の大群は、熟した秋の実の落ちる寸前の華やかな色に満ち溢れていた。まさに色彩のシンフォニーであった。

十一月中旬、春に失敗した白駒池から中山への道を辿る。山には冬が訪れており、急激に冷え込んで雪になった。中山頂上では標識にエビの尻尾（強風に曝された氷柱がエビの尻尾のような形になることからこう呼ばれる）が大きく張り着いていた。

日暮れの早い初冬、下りの車道の雪にてこずり、エンジンブレーキをかけながら必死の思いの運転であった。これも雪国の教訓のひとつである。

そして十一月下旬の一日、ピラタススキー場のロープウェイの下を坪庭に登り、横岳を往復して雨池から縞枯山に登った後、真っ赤に焼けた夕空を仰ぎながら下った。その夕暮れにゆっくりと溶け込んでいく北岳のピラミダルなシルエットが、今もなお、瞼の裏に浮かび上がってくる。このとき、坪庭から横岳一帯は積雪四、五十センチであった。

その年の十二月下旬のクリスマス寒波は猛烈であった。イブの日、天祥寺の雪原を大河原峠に抜け、双子山の雪の吹き溜まりに苦しみ、双子ヒュッテの冬小屋に泊まる。冬の避難小屋として使用されている部分には、戸口や窓から大量の雪が吹き込んでいた。小屋の中には最初テントを張った女性三人組だけだったが、日暮れて雪が降り出してから急速に冷え込み、新たに三人組と単独行者が小屋に避難してきた。

この夜の寒気はかつて経験したことがない厳しさであった。リンゴもミカンも凍ってしまい、ゆで卵の黄味はメノウ玉のようになってとても歯が立たなかった。翌日も雪は降り続いていた。厚く凍結した双子池を縦断する。夏ならば一時間程で天祥寺原に抜けられるのだが、新雪に腰まで埋まり四時間近くを雪との戦いに要した。低温と体力の消耗を考えると、夏山と冬山の行程の落差は極めて大きいことを学んだ貴重な体験であった。

翌年一月上旬、再び坪庭から縞枯山、

茶臼山を越えて麦草峠の雪の尾根を歩いた。その後も何回となく冬の麦草峠付近を下手な山スキーのゲレンデとして歩き廻った。北八ヶ岳の冬は雪と戯れるには絶好の場を提供してくれる。

ある吹雪の日、四辻付近の深い雪の中で登山靴から外れてワカンを見失ってしまった。翌年の六月末に雪解けを待って探しにいき、草原の窪地にそれを見付け出すことができた。そのときの喜びは、失った恋に再び巡り会った思いで抱き締めたい程であった。二度と離すまいと今でも大切に保存している。

昭和五十九年四月上旬、浜松から渡瀬、岡田、坪井の仲間が訪れて残雪の北八ヶ岳に登った。ピラタスから横岳、双子池、双子山、天祥寺原と明るい早春の光の中で雪と遊ぶ。夏の終わりにはガンコウランが実り、タカネマツムシソウが咲き乱れる双子山の近くも、まだようやく所々の雪の下から草の芽が覗く程度ではあったが、日脚の伸びた午後の光の中で、緩やかな丘陵状の山頂付近は、時が止まる程の和らいだひとときを与えてくれるに充分であった。

更にその六月初め、清里県境尾根から赤岳に登った。頂上近くの鎖場で引き返そうかと逡巡していた受験浪人生を激励して一緒に頂上に立った。聞けばこのように高い山は初めてで、最近父親を亡くして転機を得たかったのだそうである。登頂を心から喜ぶ都会育ちの青年の、まだ幼さの残る笑顔が爽やかであった。そのときは、キレットを下り権現小屋に泊り、翌日大雨の中、権現岳から三ツ頭を経て天女山下の牧場を横切って清里に戻った。

昭和六十年四月、まだ残雪が深い編笠山の青年小屋に泊まり、南から権現岳を目指した。前日の快晴と打って変わった吹雪に阻まれて、擬宝珠から踏み抜きそうな雪庇の縁を危うく引き返したのであった。

そして佐久から東京へ転勤の折りには、仲間たちとの送別登山で渋の湯から黒百合ヒュッテ、天狗岳に分け入った。昭和六十一年三月の桃の節句で、同行は高橋、田中、内山らであった。山頂付近で突然猛烈な雪と風に吹かれたことも、今は懐かしい思い出である。私が四季を通じてこれ程何回となく登り詰めた山は、郷里の山伏をおいてほかにない。そして今後もないであろう。それ程八ヶ岳は南北に広く長い、四季の変化に富んだ山であった。

木曾駒ヶ岳（二九五六メートル）・空木岳（二八六四メートル）

昭和六十年の初めから、山仲間渡瀬が伊那に転勤していた。四月半ば過ぎ、高遠の桜便りを聞いて、高遠城址の満開の桜の下で旧交を温めながら、ゆく春を楽しんだ。その折りに、この夏の山行は中央アルプスに決めた。

十数年前、子供たちを連れて家族でロープウェイに乗り、千畳敷カールのお花畑を通って木曾駒ヶ岳と宝剣岳に登ったことがあった。しかし、これは遊山に過ぎなかった。せっかくベースキャンプが伊那にあるのだから、新田次郎の、学生の集団遭難を描いた『聖職の碑（いしぶみ）』の道を辿ることにした。

八月上旬、例年のメンバーが渡瀬の仮寓に集結した。下山予定の駒ヶ根光前寺の上の林道の片隅に車を置いて帰りの足を確保した後、渡瀬宅で前夜祭となる。その夜、伊那の町は夏祭りの花火が夜空を彩っていた。

翌朝伊那から小黒川沿いに内萱を経て、林道の外れから登り始める。天気はまずまずで、狭いながらも谷間に仰ぐ青空から朝の光が明るく注いでいる。最初から意外に急な登りである。尾根通しなので水場が少ない。大樽小屋はほとんど使われていないようで、朽廃していた。小屋付近に水場を求めたが、かなり離れた急斜面に細い水が得られたのみであった。将棋頭山から駒ヶ岳に続く稜線上に出たのは、既に午前十一時を廻っていた。

暑さにへばり気味なのか、トップを行く私と三人との距離が次第に開き、私はひとりでハイマツ帯の明るい稜線上をゆっくりと登っていく。巨大な行者岩が後ろに退いていく。

西駒山荘に着いて直ちに食事の支度に掛かる。少し遅れて三人も着く。着いた途端に一同元気になるから不思議である。食事の途中、突然雨が降り出した。小屋の軒先で雨を避けながら済ませたが、その後雨はますます強くなるばかりであった。

空は暗く、風も出てきた。その中を再び歩き始める。稜線上は正面に顔を上げることもできぬ程の猛烈な風雨に叩かれる。この風雨の中で「聖職の碑」と呼ばれる遭難碑を見過ごしてしまった。濃ヶ池に下ることなしにひたすら稜線上を歩き続ける。先刻より風雨は和らぎ見通しも幾らか回復する。振り向けば西駒山荘から続く尾根道が長々と後ろに横たわっている。その山荘近くに巨岩が見える。見逃した碑であろう。

最後の急登を越えるとその先は緩やかに延び、駒ヶ岳山頂が、それらしく向こうに見える。相変わらずの雨の中、山頂神社に着く。頂上山荘を過ごして中岳を越え、宝剣山荘に素泊まりする。素泊まり客は少ない。小屋は大きく、我々は二階の片隅ながら独占して広いスペースを与えられ、ゆっくりと休むことができた。雨はまだ降り続いている。あの遭難碑には、屋根のない朽廃寸前の小屋の中、ハイマツで雨水を防ぎながら嵐の一夜を迎えた信州教育史の重い一頁が刻まれている。ふと闇の中で、その一頁が時の流れに埋没することなきように、と思った。

この日見逃した「聖職の碑」はその年の秋、快晴の日に再びロープウェイ経由で登った渡瀬が写真を撮影して送ってくれた。それは西駒山荘のすぐ近くで、普通なら見逃すはずもない登山道沿いの巨大な自然石に刻まれたものであった。

翌朝、雨は上がって東の空が赤く染まり、雲が切れ始めた。その隙間から宝剣岳の頂に光の筋が束になって注ぐ。天狗岩はまだその陰に眠ったように沈んでいる。木曾谷は一面の雲に埋まっている。

朝食をすませ身支度を整えて出発する。今日は中央アルプスの主稜上を空木岳に向かう。

宝剣岳の岩場を乗り越えてその頂上に立つ。眼下に千畳敷カールが広がっている。伊那谷を蛇行する天竜川の向こうに、仙丈岳から塩見岳に続く南アルプスの馬鹿尾根が連なっている。南は遥かに遠く長く空木岳、南駒ヶ岳へと縦走路が延びている。

雲は多いが何とかもちそうな空模様である。島田娘から檜尾岳まで緩い起伏が続く。檜尾岳頂上から東側斜面一面にコバイケイソウが咲き乱れ、その中に避難小屋が建っている。この花たちに囲まれてゆっくり一夜を明かしてみたい。駒ヶ岳、宝剣岳付近に比べてこの稜線上は人影もなく静かである。

熊沢岳まで登ってから大休止とする。そのとき又雨が降り始めた。巨岩の陰でこれを避けながらラーメンを啜る。ひとときの後、雨は止んだ。鞍部に下り、最後の登りを越えると、直下にへばり付くような木曾殿小屋の赤い屋根が見える。小屋には先着した男女四人パーティーが、既に今夜の宿泊を決めていた。そこへ小学生の息子を連れた父子組が着いた。小屋番夫婦の応対に乗り切れなかった我々は、暫時休憩して後、今日のうちに空木岳を越えることにした。

急登である。みるみるうちに小屋が下に沈んでいく。そして辺りはあたかもドルメンの世界に入り込んだかのような奇岩の群れとなる。巨大な岩の柱の間をくぐり抜けて頂上に出る。ガスが広がって周囲の見通しは望むべくもない。朝方、遥か南に形よい尖塔となって我々を魅きつけたあの頂上に、今、着いたのである。既に午後四時半を廻っていた。

頂上直下の池山への尾根北側に、無人の駒峰ヒュッテがある。小屋の中は整頓されているが、肝腎の天水を溜めた水が底を尽き、その上、水槽には鼠の死骸が浮かんでいる。木曾殿小屋で水が得られなかったのがここへきて痛い。やむなく明日の南駒ヶ岳を諦めて、空木小屋まで下ることにした。

霧雨が降り始めた。尾根を外して沢筋に入る。ハクサンイチゲ、キンポウゲが群生し、晴れていれば気分のよいプロムナードなのだが。と思っているうちに、次第に雨脚が強くなる。小屋は明るい窪地内にある。水場も近く、豊かに湧いている。しかし、入り口の扉は壊れ、一部窓もなく、至る所に雨漏りがし、床も所々抜けている。我々の独占なので中央部分に雨を避け、ポンチョで窓を塞ぐ。

夜半過ぎから猛烈な風雨となる。稜線上は相当に吹き荒れていることであろう。結果的にはここまで下りたのは正解だった。天気が回復したら南駒ヶ岳へピストンするつもりであったが、風雨は朝になっても収まらず、そのまま駒ヶ根に下ることにした。

出発準備をしているところへ、昨日木曾殿小屋に宿泊したパーティーがずぶ濡れのまま飛び込んできた。そのうちの女性ひとりは、空木越えが厳しかったのであろう、恐怖と寒さで蒼ざめ、全身が小刻みに震えている。しかしここからはそれ程の悪場はない。父子連れも無事小屋に着いた。

装備を整えて我々も雨の中を下り始める。小屋の窪地から少し登り、尾根筋通しに歩く。途中、ちょっとした岩場が二ヵ所程あった。それを過ぎたころから雨も小止みとなり、間もなく日が差し込んできた。そして緩やかな下りを続け、光前寺近くの駒ヶ根高原の民宿に予定通り安着した。

高原とはいえ山を下ればまだまだ夏の盛りで、午後の太陽がアスファルトの路面をじりじり照りつけていた。そしてそこには、朝方の風雨が嘘のように、レンタサイクルの嬌声が風に乗って華やいでいるのであった。

塩見岳（三〇四七メートル）

塩見、それは南アルプス中央に君臨するたおやかな山である。

昭和五十六年八月上旬、全国高校野球が始まったころのある朝、浜松から北上していったん愛知県に出た。ここから国道151号線沿いに車を走らせ、飯田を経て、鹿塩から塩川を遡って塩川小屋に着く。

午後から雨が降り、塩川林道は相当の悪路であった。飯田で食糧を充分に調達した。別棟の新しい小屋を我々六人（常連の渡瀬、村松、新人の大男で一見頼り甲斐のある津田、それにＢＢＳ会員で山仲間の岡田、坪井）で占有し、まず景気付けのパーティー。登る前からいかにも気楽な夏山気分だった。

翌朝、雨は上がった。塩川沿いに登る。沢を離れて三伏峠への尾根に取り付いてからは、ひたすら急登だ。ガスも次第に薄れて、峠に着いたころには晴れ上がっていた。広いお花畑に荷物を置いて、烏帽子岳に散歩する。富士山、荒川岳、赤石岳が一望である。北東斜面には中俣の深い谷を隔てて、目指す塩見岳が魅惑的に差し招いている。

この日は三伏沢の小屋泊まりとなった。峠小屋より小さいが、沢の水が豊富にある。

翌日は朝から快晴。明るい本谷山から権右衛門岳の深く暗い樹林帯を抜けハイマツ帯に出れば、もうそこは塩見小屋である。水場まで下り、斜面に踏ん張りながら、ラーメンを啜る。

小屋から軽装で塩見頂上を経て、北俣岳から蝙蝠（こうもり）岳への尾根を歩く。四方、山、又山である。甲斐駒、仙丈、白根三山が際立ち、その上にダイナミックな夏雲が湧いている。のんびりとした稜線漫歩であった。塩見小屋は標高が高い。夕日を浴びた塩見を見ながら食事をするうちに、ガスが垂れ込めてきてブロッケン現象が現れた。

翌日はゆっくり塩川小屋に下る。天気は下り坂で午後には雨が降り出す。その夜は塩ノ湯に泊まる。名前どおりに塩分が濃い温泉であった。この年は随分と余裕のある山行であったが次に登った初冬の塩見岳は、この夏の山とは全く異なる様相を示していた。


昭和六十年十一月九、十日、五年ぶり二度目の塩見山行に出かけた。

早暁というよりまだ夜の帳の明けぬ午前四時、佐久市の仮寓を出る。山仲間の田中と交替で運転し、白樺湖畔を経て茅野から杖突峠を越える。ようやく東雲(しののめ)の空に光が差し始めるころ、遥か東南の山々の向こうに、山頂付近に雪を被ったひときわ美しい塩見の山容が垣間見える。長谷村から分杭峠越えで

大鹿村に入り、鹿塩温泉沿いの塩川を遡って塩川小屋に着く。付近の様相は数年前とは一変し、河原沿いにあった小屋は台風で破壊され、右岸の木立の高みに修復され移転していた。

腹ごしらえをし、装備点検を済ませて出発する。右岸から左岸へ、そして河原へと繰り返しながら尾根に取り付く。我々のほかは東京医大の冬山偵察パーティーが先行するのみ。沢の音もやがて消え、全くの静寂である。

今夜の泊まりは三伏小屋だ。三伏峠が近くになるころには、冬枯れた木立を貫く先刻までの眩しい程の日の光も、稜線をくっきり分けた紺碧の空も、全て緩やかに漂う霧の中に深く沈み込んでいった。烏帽子岳を巡る。夏ならばタカネマツムシソウが一面に乱れ咲く広いデルタ状のお花畑も、今は茫々のドライフラワーの原。それは近く雪に覆われてしまうであろう、秋の終わりと冬の狭間の、ひとときの安らぎの姿でもあろうか。

夏は賑わったであろう小屋に、今は泊まる者もいない。風もやんで静かな夜。小屋の周りには二、三日前降り積もった雪が残り、水場では飛沫が氷柱をぶら下げている。明朝は冷え込むであろう。ここは海抜二六〇〇メートルである。

その夜半、静寂の三伏沢の天空は、明日の好天が予想されるかのような無数の星々であった。にもかかわらず、朝まだき寒気の中、辺りは全くの乳白色の世界。そして、ちらちらと雪が舞い落ちていた。

小屋の裏手からカバの樹林の中を直登し、視界の利かない尾根筋を一時間。本谷山頂近くで幸運にもひととき霧が切れた。遥かに仙丈、甲斐駒、北、間ノ、西農鳥。そしてぐっと近くに目指す塩見が、いずれも山頂から肩の辺りまで雪に覆われ、早くも冬の佇まいである。深い樹林帯を抜け再び稜線に出る。塩見小屋は近い。

アイゼンを装着していよいよ頂上を目指す。これから先はハイマツ帯も切れ、岩ばかり。右側三伏沢から吹き上げる風が小雪をともなって吹き付け、毛糸の防寒帽はもちろん、眼鏡の水滴も凍り付いていて、ますます視界が曇る。天狗岩を越えて小さな鞍部に下り、ピークまでの雪の凍り付いた岩場を、専ら稜線を外さぬようひたすら登る。午前九時四十分頂上着。立っていることを拒む程の、猛烈な風と寒気であった。予定より四十分の遅れである。この遅れが、ヘッドランプの電池の消耗も加わって、日没後の塩川の河原で悪戦苦闘を強いられることになろうとは、このときはまだ知る由もない。とにかく塩見の頂に立ったのである。

剱岳（二九九八メートル）

昭和六十年八月の末、夏の盛りも過ぎ、信州の高原には早くもススキの穂波が揺れ始めた。いつものように明けの明星を仰ぎながら佐久を出発して、安曇野を突っ切り、大町奥の扇沢に着いた。一番のトンネルバスに乗り込み黒部ダムで下車。最盛期程ではないが、数多い観光客の流れと反対に、ダム直下の黒部峡谷に下りる。見上げれば百メートル以上もあろうかという巨大なコンクリートの壁である。

放水の量も多く、その飛沫を浴びながら、右岸から左岸に木橋を渡る。道は次第に谷底から高みに登り、眼下の曲がりくねった峡谷沿いに歩く。一定の水量を放出しているのであろうが、それでもかなりの激流である。沢の出合いを本流から離れて内蔵助平に向かう。我々の他に登山者の影はない。登りが徐々に厳しくなる。突然、中年の団体が下ってきた。真砂岳小屋を朝早くに発ってきたのであろう。

内蔵助平は四方を山に囲まれた窪地で風もなく暑い。水は豊富にある。まだ今日の歩程の半分にも達していないが、これからの登りに備えてゆっくり休む。雨の心配はまずなさそうである。

ハシゴ谷（だん）の道は涸れた沢である。大雨となれば、一挙に沢水が溢れて流れるであろう。沢筋が終わると急な登りとなる。背中の荷物が肩にくい込む。ハシゴ谷乗越から剱沢に向かっては、千尋の谷へ落ち込む程の急斜面で道も悪い。沢の向こうに聳え立つ三ノ窓から延びる尾根の中腹から上は、ガスに覆われて見ることはできなかった。急角度に下に崩れ落ちて谷底を垣間見ることすら許さない形相は不気味な迫力がある。

剱沢に下り立ち丸木橋を対岸に渡り、しばらく遡行すると真砂沢ロッジ付近に野営地がある。早速設営にかかる。間もなく剱沢の雪渓を下ってきた単独行の青年ふたりがテントを張ったので、テント場も幾らか人気が増した。聞けば雪渓が長く、下りに相当の時間を費やしてしまったという。我々は明日剱岳をピストンする予定である。四時出発を決めた。テントの垂れ幕を上げると、剱沢のずっと向こうに軍隊剱の尖端が鉛筆の芯程に小さく見えた。

その夜の星はまるで真砂のように天空に溢れ、その重みに耐え兼ねて今にも落ちてきそうな程であった。

翌早朝、ヘッドランプを頼りに剱沢を遡行する。末端はまだ二メートル以上も残る厚い雪渓の底から、轟々と雪解け水を吐き出している。そこから先の谷は、一年中解けることを知らない雪で延々と埋まっている。長次郎谷、平蔵谷は本沢から右に、暗く奥深く劔岳の懐に延び上がっている。

雪の表面は朝の低温でカリカリに凍っているので、ゆっくりと登っていく。軽装備なので昨日のような荷物の負担はない。谷間から見上げる真っ青な空が次第に広がりを見せ、明るい斜めの光が前方に差し込んできたころ雪渓は消え、劔岳荘に向かう斜面の草地を登り詰める。目指す劔岳は山荘を一息登った軍隊劔で、ようやくその姿を見せた。

快晴である。右手には白馬三山から鹿島槍、針ノ木と続く後立山の峰々が並行している。前剱まで来ると本峰は目の前に、その峨々たる山容を誇らかに開陳する。あの朝方の暗い雪の谷と、このライトブルーの空を背景にした峻烈な、しかし形よい岩の壁。その全てが剱岳なのである。冬、このトルソは雪をも寄せつけず烈風に立ち向かって微動だにしないであろう。これ程ダイナミックで雄壮な山を私は知らない。

岩場を慎重に攀じ登って頂上に達し、安置された祠に一礼する。自然に対する自ずからなる畏敬である。素晴らしい展望に恵まれた。帰路、前剱辺りで振り向いたとき、既にその頂近くには数多くの谷底から吹き上げるガスが微かに巻き付き始めていた。

再び剱沢の長い雪渓を下る。日盛りに雪が緩んで朝より歩きやすい。背後の太陽が西に傾き、下るにつれて影法師が延びる。沢が大きく迂回して、その斜陽が平蔵谷の奥深い暗部に吸い込まれるように失われ、急峻に閉ざされた谷底の静寂の中に取り残される。見上げる空間がますます狭まり、やがて雪渓が絶える。ただひとつ残された我がテントが、ガランとしたテント場にうら寂しい。ここは轟々たる沢の流れが両側の山肌に反響している。その夜半、皓々たる月光であった。

翌朝、テントを撤収して、再びハシゴ谷を登る。内蔵助平を過ぎた地点の、岩陰に湧く清水で食した流しソーメンの味は、格別で忘れ難い。山行の終わり、黒部の谷底からダムに上がる急登は猛烈な暑さも加わって疲労の極みであった。この日、富山地方はフェーン現象に襲われ、三十数度の炎熱であったという。

都会の闇――東京都豊島区

今は東京簡易裁判所に統合されたが、当時池袋にあった豊島簡裁への転勤が決まり、三年間住み慣れた佐久の地を離れたのは昭和六十一年四月のことであった。引っ越し荷物を積み込んだトラックを送り出した後、身の回りの物を自家用車に積んで佐久を出発した。秋にはピンク、ワインレッド、ホワイトの花々で艶やかに彩られるコスモス街道は、国道254号線の末端にある。春うららの昼下がり、コスモス街道を内山峠越えで、こんにゃくの産地として知られる下仁田を経て一路東京に向かう。行き先は川越街道沿いの池袋の宿舎である。

十年間の単身生活を終結して、今後は一年前から下宿して学生生活を送っていた長男と暮らすことにした。前回のときは叶えられなかったが、今度の異動は希望どおりであった。六十二年からは教職を退いた妻も加わり、家族がようやく原状に復帰した。

豊島では、最初の一年は刑事事件を担当し、その後の二年は民事事件を担当した。過密都市東京の事件数が桁外れに多いのは当然である。種々の工夫を凝らしながら、押し寄せる事件に対処しなければならない。勢い、密度を高めて一件当たりの処理時間を短縮することになる。しかし、種々の特色を持つ各事件を平均時間で除して処理するには抵抗があった。知らず知らずのうちに、事件処理の流れの渦に巻き込まれてしまうことが恐ろしい。

北は北海道、南は沖縄の日本全国各地から東京に憧れてやって来て、都会生活につまずき、罪を犯す。その最初の取扱いのわずかな違いが、当人の十年、二十年先の人生を左右するかも知れない。刑事裁判手続きの実行と被告人の更生とは、必ずしも同一の指向性はない。前の刑で刑務所を出てから五年以内に罪を犯したときなどは、改悛の情が認められ、被害の回復がなされていても罪は消えることはなく、法律上実刑を科さなければならない（刑法二五条一項二号）。そして小さな犯罪を繰り返し、刑務所と一般社会を渡り歩くこと十数回。そうやって人生の大半を塀の中で暮らす者も多い。

ときはまさにバブルの絶頂で地価が高騰していた。昭和二、三十年代に建築された木造の住宅、アパートの土地建物の明け渡し事件が急増した。明け渡しを拒否しての訴訟の係属中に、明け渡しに伴う移転料が二倍、三倍に跳ね上がっていったのも又異常なことであった。その異常な地価高騰現象を認めながらも、司法権は常に受動的な作用に止まるのが原則である。最近のバブル崩壊後の経済動向を見るにつけ、あの都内の地価高騰の異常性は経済の病理現象であったことが改めて認識され、金融機関、建設業者などは、当時からこの病理現象に気付いていたものと思わざるを得ない。

さて、東京は各地方への交通の要である。しかも足慣らしには恰好の奥多摩、秩父、小金沢の山塊があり、厳冬期にもそれなりに積雪があって楽しめる。最高峰の雲取山を中心に三頭、御前、大岳の三山を始め石尾根沿いの七ツ石、鷹ノ巣。日原の渓谷を挟んだ対岸の西谷、天目、川苔の山々を晩秋から早春にかけて歩き廻った。パートナーには同じ宿舎に入っていた東京地裁の小磯判事、それに豊島簡裁の秋葉書記官を得た。当初山慣れしていなかった秋葉君は雪山は経験なかったが、山行を重ねるうちに雪にも慣れ、三年目の冬には深い新雪をラッセルして、都留から四十八沢を詰めて三ツ峠山に登ったこともあった。

大量に押し寄せる事件の波に抵抗して無性に山に登りたくなってしまう性癖は変わらない。恐らくこれは私なりの心身のホメオスタシス（恒常性）の取り方なのかもしれない。

関越道、東北道、中央道を抜けて、それぞれ上越国境、越後、福島、山形境の安達太良、磐梯、吾妻、朝日、飯豊、奥秩父の山々へと足を延ばす。あるいは佐久時代に残した黒部五郎、笠ヶ岳、頚城山系の妙高、火打、高妻そして雨飾山などを歩いた。いずれもアプローチはマイカーであった。

私は東京近辺の山々とこんなふうに親しんだ。

瑞牆（みずがき）という山名は耳慣れないが、ＪＲ韮崎駅の待合室には、必ず新緑か晩秋のころの、この山のポスターが貼られている。

まだ佐久に勤務していた昭和五十九年の秋も深まったある日、快晴に恵まれた金山高原の瑞牆山荘から急坂を登り、富士見平の尾根に出た。途端、巨大な岩柱を重ね合わせて天に向かって突き出したかのような岩峰の塔が目の前に迫ってきた。この山容はこの山独自のものであって他の追随を許さない。地蔵岳のオベリスクもこの迫力に遠く及ばない。これが瑞牆山を真近に見た最初であった。

この日は瑞牆山だけに登るのはもったいない気がして、まず金峰山を目指した。この時期は日没が早い。結局、瑞牆は後日に残すことになった。信州峠を越えて佐久に戻る途中、黒森の集落の外れから岩峰群が見えた。まだ青さの残る東の空に浮かぶ満月に近い白く光る月を肩にしていた。日没直後の残光に映えて静まり返るそれは、周囲の穏やかな山間（やまあい）の様相と異なる一種怪奇な世界を構成していた。この辺りから見ると岩肌だけが目立ち、頂上近くに及ぶ針葉樹林は印象が薄い。

この山に登ったのは信州を離れてからのことであった。昭和六十一年十一月半ば、日曜日の早朝四時を少し廻ったＪＲ池袋駅山手線ホームには意外に人が多かった。既に今日の仕事に着く構えで地に足が着いている者も見えるが、これは極めて少数。昨夜の名残を引きずって、酒臭くふらついている者、気怠くベンチに寄り添っている男女、ニッカズボンにデイパックのハイカー、クールボックスを抱えた釣り人。それらの間を縫い歩いて屑籠を漁るホームレス風の男、一夜の仕事を終え厚化粧が剥げ落ち放心したような女、大都会の夜と朝の狭間に織り成すさまざまな人間模様が浮かび上がる。そして新宿駅三番線ホームには二十歳前後の若い男女の群が溢れている。蝶が花に、蛾が灯りに誘われるように、歌舞伎町界隈でオールナイトの発散をしたのであろう。これも彼らにとってはひとつの青春の証しなのかも知れない。

朝早い中央線は高尾止まりである。先程までの若い男女に代わって電車内は中高年のハイカーがほとんどであった。高尾で松本行きの一番電車に乗り継ぎ、韮崎で下車。田中、高橋が車で来てくれる手はずであったが、高橋は急用で不参加となったとのことであった。

増富鉱泉への県道が土砂崩壊で通行不能のため、山越えの迂回路となっていた。これは相当の悪路であった。渓流沿いの紅葉はとうに盛りを過ぎ、既に落葉の季節であったが、それだけにいっそう沈んだ調子の中に静かさが残っていた。鉱泉を通り抜けると山が狭まり暗い林道になる。しかし、間もなく金山高原の明るい緩やかな登りとなって山荘に着いた。

直ちに出発する。富士見平小屋の脇を右に入って、いったん、針葉樹林帯の中を下り、沢に出て対岸から再び登る。急登だが山頂は真上にあり、ぐんぐん高度を稼ぐ。富士見平の高さを越えると視界が一度に広がる。道は螺旋状になり、上の方から声が聞こえる。岩峰の背後から頂上に出る。

風もなく穏やかな日和だが、なんとなく霞みがかかったように、北側を除く三方の山々の輪郭がボケている。富士山が東南に浮かび、南に櫛形山、その右手に鳳凰三山、甲斐駒、その向こうに白根三山が重なっている。西の八ヶ岳が近い。既に頭頂部は雪を被っている。ここに憩う人々は、それぞれに巨岩を占有してのんびりとそこに漂う空気に身を委ねている。小春日和の山頂のひとときである。

冬の間、奥多摩の三頭、御前、鷹ノ巣の山々を歩いていた。やがて桜が開き、そしてその花びらが舞い落ちて新しい緑の季節になった。

昭和六十二年五月半ば、丹沢に登ることにした。丹沢山塊は大きい。渓谷の美しさでも有名である。この山は随分以前から登ってみたいと思ってい

た。例によって車利用であるから、なるべく静かなルートを探して歩くことにした。

早朝の東名高速道路を大井松田ＩＣで降り、国道246号線で山北町に入る。右折して丹沢湖を玄倉川沿いに遡る。玄倉から先の林道は相当の悪路であった。ユーシンで進入禁止となっている。金山谷乗越に出るコースを避けて、玄倉川を詰め、蛭ヶ岳へ直登するルートを選ぶ。久し振りに山の奥深くに入り込み、そのふくよかな薫りを胸いっぱいに吸い込みながら林道を歩く。この辺り、まだようやく芽吹いたばかり。セピアトーンを背景に淡い緑が優しく和やかである。

深山の割に玄倉の河原は広い。塔ヶ岳への沢筋と別れ、左折して河原を渡りそのまま正面の蛭ヶ岳に向かって真っすぐ沢沿いに遡る。次第に沢は狭まり、流れが急勾配になる。砂防ダム工事の作業小屋を経て、いったん沢に下る。左右に分かれた沢に挟られたデルタ状の尾根が、蛭ヶ岳山頂から延びている。

ここに取り付けば後はひたすらの急登である。所々に咲くアカヤシオのピンクの花が、山に春の訪れを告げている。突然山道を塞ぐように男鹿が一頭、悠然と芽生えたばかりの若草を食んでいるのに出くわした。その額の左右に広がる堂々とした角は、人が近付いてもピクリともしない。随分人慣れしていると思ったが、それもそのはず頂上小屋で餌付けした、既に野性の失われた鹿であった。

頂上はそこにあった。意外に広い。しかし、薄ぼんやりした春霞で遠景はボケて判然としない。小休止の後、棚沢の頭から丹沢山に廻る。この辺り野営地にもなっている。広々としたカヤトの原はまだ冬枯れの名残である。丹沢山頂は展望がない。竜ヶ馬場の開けた緩やかな尾根道をアップダウンして塔ヶ岳に着く。ここは山頂は広いが小屋も多く、人も多く、落ち着かない。西の雲の切れ間に残雪の富士山が垣間見える。山頂から少し下った水場の水がうまい。そのまま一気に駆け下り再び玄倉川に出て、林道をユーシンに戻った。林道の脇にウツギの花が咲き始め、この山全てが、今、春の息吹に大きく胎動している。その甘酸っぱい薫りが辺りにほのかに漂っていた。

同じ年の秋深きころ、山梨県道志川沿いの音久和から犬越路に向かって林道を走り、日蔭沢橋から姫次を経て蛭ヶ岳に登った。裏丹沢の山は深く、野生の鹿が多い。遠くから首だけこちらに向けて、じいっと様子を窺っている。カメラを向けただけで、踵を返して小気味よく跳ね上がりながら、茂みの奥に逃げ去っていった。尻の円い白毛が愛らしい。

快晴に恵まれ、小屋近く、夕間暮れの富士のシルエットが、静かにその長い裾を左右に広げて美しく鎮座していた。蛭ヶ岳の山頂小屋は水が不足している。途中の水場で補給しておいたお蔭で、辛うじて自炊ができた。

その夜、横浜、東京の夜景は満天の星を鏡に映したように、明るく瞬き煌（きら）めいていた。檜洞丸辺りの奥丹沢の懐の深さは、丹沢山、塔ヶ岳の賑わいとは対照的で、静寂の中に人を惹きつける魅力があった。犬越路から日蔭沢橋までは人影もなく、ひっそりとほの暗い沢が流れる。その清澄な水に、かつ浮かびかつ沈みつつ流れていく深紅に染まったカエデの落葉が、今も瑞々しく鮮やかに瞼の底に焼き付いている。

上州武尊山（二一五八メートル）

昭和六十一年四月末、職場のハイキング会に参加して棒ノ折山で足慣らしをした。連休明けの週末、昨秋、至仏岳から眺めた上州武尊の秀麗な山容に惹かれ、白々明けの関越道を沼田に向かった。

藤岡ＩＣを過ぎると、フロントガラスの前方遥かに、懐かしい浅間山が朝の光に包まれて穏やかに端座している。あの頂に立ったのは昨年春のことであった。あれ程近く親しげであった浅間は、既に私を離れて遠い。あの過ぎた日々をここに取り戻す術はない。「現在」は絶えることなく時を貪り、「過去」を肥大させていく。

榛名の峰々と赤城山の間を抜けて上毛高原から少し下ると、その先に沼田の市街が見え始める。深い谷底を挟んだ台地を結ぶ長く高い橋がある。去年の五月、一緒に尾瀬の燧ヶ岳に登った道路公団の中村君によれば難工事であったという。その橋の上を、何事もなかったかのように走り抜け、沼田ＩＣで下りる。駐車場で山仲間田中をしばらく待つ。上州武尊の山々の残雪が朝の光に輝いて美しい。

水上ＩＣから温泉街を抜け、湯檜曾の手前で右手に折れて藤原に向かう。藤原ダムを経て久保から上ノ原山の家を越えると海抜一〇〇〇メートル。その奥にはずっと上ノ原の高原が広がっている。しかし、まだ若草は萌えず、冬枯れた狐色の草原が続いていた。

林道脇に駐車して、装備を整えて名倉川沿いに歩き始める。所々に雪が残っている。雪解けの湿った土の間からフキノトウが顔を出す。次第に道が狭まり沢を登り詰めていく。里ではとうに桜が散ったというのに、武尊山の北側であるこの辺りはまだ残雪が深い。しかし、春の訪れとともに何回かの雨に固められてよくしまり、その下に岩に砕ける瀬音が響いている。登りが厳しくなり、沢の詰めで遮二無二進む。

ようやく頂上から張り出した尾根の一角に出る。南に獅子ヶ鼻山（一八七五メートル）の岩峰が見える。今いる所はまだ一六〇〇メートルに満たない。しばらく行くと南北に連なる尾根につき当たった。ここから先は緩やかに登っていく。明るい日差しが雪に照り返して眩しい。

左下の手古屋沢を詰めた辺りに避難小屋があるはずである。それらしい踏み跡を辿って雪に埋もれた沢に下りる。文字通りの小さな小屋は、すっぽりと雪の下であった。雪に潜り込むように入ってみると炉が切ってあるが、かなり荒れている。床もない。一部に枯れた笹が敷かれている。誰もいないが一応奥の方にスペースを確保してから、腹ごしらえをする。

アタックスタイルで再び出発する。いったん先程の尾根に戻り、頂上を目指す。頭上遥かに見える頂上直下の斜面は相当の傾斜である。雪がべったりと張り付いている。岩場に差し掛かったとき、単独行の青年が下ってきた。この先の状況もあまり楽観できないとのことで一瞬緊張する。

アイゼンとピッケルでなんとか凌げそうな見通しはついたが、岩場の先が又急峻であった。雪をキックしてジグザグにゆっくり登る。いつとはなしにガスが流れて辺りの光が閉ざされてきた。物音ひとつしない。下りの目印を定めながら北側斜面を登り切った所で、急に雪が少なくなり地肌が現れた。斜面が消えて南側に出たのだ。頂上は近い。

低いカバの灌木林の中にそれはあった。そのとき周囲はガスにすっぽりと包み込まれ、展望は全くない。既に午後三時を廻っていた。

直ちに引き返す。先刻の急登は下る方が危険である。前方十メートルの先は落ち込んで下は見えず、ただ茫漠たる空間が広がっているだけである。ピッケルが利かない腐った深雪で、所々に頭を出している針葉樹の枝に助けられながら、慎重に長い急斜面をジグザグで下る。

岩場に出た所でようやく緊張から解放された。岩は己の手足でしっかり確保することができるが、何もない急斜面の空間は極めて不安定で拠り所がない。そのまま手古屋沢の谷筋通しに下って小屋に戻る。

我々の後に登ってきたのであろう。単独行者が入っていた。明朝の分も雪解け水を作る。食事の準備をしているところへ、もうひとり豪放磊落風の猛者（もさ）が入ってきて、入口付近に陣取った。狭い小屋も賑やかになり気温も高まる。

朝からの疲れに少しばかりのウイスキーも手伝って、食事の後間もなく睡魔に襲われた。入り口の猛者氏のラジオが夢の中で騒々しい。本人はスイッチを切り忘れ眠り込んでしまったという。

夜半ガサゴソと笹の床の枕もとを鼠が走り廻る。翌朝、噛じられたリンゴに小さな歯型が残っていた。

雲取山（二〇一八メートル）

昭和六十一年十一月下旬、伊豆大島三原山は数日前から火山活動を続け、夜空に跳ね上がる真っ赤に焼けた火山岩の噴出に、島民は本土への避難を開始していた。

そんな折り、秋葉と夜明け前の新青梅街道をひた走り、白々明けの武蔵野の奥地、青梅を抜け国道411号線を奥多摩湖沿いに行く。小河内ダムで堰き止められた人造湖の湖面は、朝の冷え込みで一面に水蒸気が漂い、名残の紅葉が秋の終わりを告げる荘重な挽歌を奏でていた。

一ノ瀬高原入口で田中と落ち合い、車を一台高原の奥に確保して、再びお祭（珍しい地名である）から三条の湯への林道をどん詰まりまで走る。既に二、三台の車が入っていた。これから明日にかけて雲取から笠取まで奥秩父の主稜を歩く予定である。三条の湯小屋のすぐ下に豊富な水場があり野営地となっている。

小屋の裏手から登りにかかる。鍾乳洞への分岐をそのまま尾根にとって登る。既にあらかた葉を落とした明るい落葉樹の林を抜けると、稜線近くはカヤトの原が続いていた。南面の山の重なりの向こうに、午後の日差しで陰影のボケた富士山が浮かんでいる。その右手に丹沢山塊が連なる。

小雲取から雲取山頂への特徴ある素直な肩の線に、枯れたカヤトが光っている。三条ダルミに荷物を置いて、山頂を踏む。七ツ石山へ続く明るい石尾根が、小春日和の昼下がりの陽光の中にまどろむかのようにのんびりと横たわり、その端が武蔵野に滑り込んでいる。秩父側は稜線近くまで針葉樹林帯で、光を吸収して暗い。西に大洞山（飛龍）、唐松尾と続く奥秩父主稜線は長い。

十一月下旬というのに関東の山は暖かく、周囲は燦々たる光に溢れている。再び荷物の場所へ取って返して尾根筋を歩く。大洞山の向こうに水場があるはずで、そこに野営する予定であった。しかし日没が早く午後四時半を廻ると早くも夕闇が迫ってきた。仕方なく、大洞の手前、三条の湯への分岐北天のタルにテントを設営する。水場はかなり下だが、秋葉が薄暗がりの中で擦過傷を負いながら何とか確保してくれた。彼は山らしい山は初めてで、多少緊張しているように見える。このところの晴天続きで水量もわずかであったという。

翌朝、それ程の寒気はない。テントから出ると、東の石尾根の彼方の空が鮮やかなモルゲンロートに染まり、雲取から小雲取の山稜が赤と黒のラインをくっきりと描いている。見渡す南の空には雲ひとつ浮かんでいない。

大洞山の祠の先で登山道を外れて岩峰の頂に立つ。真っ正面、大菩薩山塊の上に形よく雪を纏った雄大な富士山が、澄み切った大気の真っ只中に凛として君臨する。大洞山を越えた先の水場は寒気に凍結して使用できなかった。将監平の伸びやかな草原でゆっくりと憩う。

単独行の高年の登山者が、唐松尾からの稜線で、

「今日は日本晴れで雪に輝く上越の山々が見える」

と言う。日本晴れという言葉を随分久し振りに聞いた気がする。

尾根通しで笠取山まで歩く。一ヵ所沢越えの道が崩壊して迂回路となっていた。笠取山直下には多摩川の水源地があり、水神様が祀ってある。細い水滴が岩の隙間から滴り落ちていた。一ノ瀬の集落は広々とした高原にある。ここは戦中から戦後にかけて入植者が開拓した集落だという。
今でこそ春から秋にかけて観光客が訪れ、多くの民宿が営業しているが、窮乏の時代に標高一〇〇〇メートルを超える高原に入植し、痩せた草原を開拓した先の世代の労苦は筆舌に尽くせぬものであったと思う。その後山を下りた者もいるのであろうか、往時の苦闘を偲ばせる古く傾いた廃屋がそこここに朽ち果てた老残の姿を曝していた。

翌年の十一月初め、日原から林道を詰めて、裏から雲取に登った。日原川の清流を覆ってブナの林が深く大きい。野猿の群れが多く、見張りのボス猿が近くのブナの高い木の枝の先から突然鋭い一声を残して駆け去っていく。南面の石尾根とは対照的に静かで暗くしっとりとしている。沢筋を登るので水は豊富である。三峰からの鞍部に出て尾根伝いに山荘を越えて山頂に立つ。この日も好天であった。石尾根を下って七ツ石の手前を左に折れ唐松沢沿いに歩く。東京にこれ程豊かな沢と静かな樹林帯があるのが嬉しかった。

皇海山（二一四四メートル）

キェーン。鋭く甲高い鳴き声が夜のしじまを破る。ここは栃木県足尾町銀山平の奥にある庚申山荘。この辺りには数多くの野生の鹿が棲息しており、この鳴き声も鹿のものだろう。雨は小止みなく降り続いている。午後七時三十分、明日のアルバイトに備えて早めにシュラフにもぐる。

スカイ？　皇海、この聞き慣れない山名を知ったのは、深田久弥の『日本百名山』（昭和三十九年）による。同書でも「静寂の山」「埋もれた山」のひとつにあげられているが、その後二十年余りを経た今でもなお、それにふさわしい山であるといえる。数年前からその山肌に触れてみたいと密かに憧れていた山である。

標高二一四四メートル、日光白根の南約三十キロに位置する。前山の庚申山、鋸山を経てのアプローチも長く、鋸山鞍部の深い笹藪と尾根通しで水場もない。そのことを考えると、やはり積雪期、しかも日差しの長い残雪期が、登る時期として最適と思われた。幸い雪山の経験もある仲間、秋葉や田中がいる。それやこれやで、四月の月例山行には連休を利用して皇海への長年の思いを遂げようと、この年の年頭より計画していた。

昭和六十三年四月二十九日午前七時、我々一行は池袋に集結した。山岳の悪路を走り廻り、既に十万キロの走行を超えた愛車ブルーバードは、次第に雨足の強くなった関越道を走り抜けた。前橋ＩＣを経て大間々で三日分の食糧、ビールなどを調達して国道122号線に入る。足尾銅山の最盛期には銅（あかがね）街道として賑わったであろう往還も、今は閉山し足尾線の廃線問題も重なり、すっかり過疎化した佇いを見せている。そんな中、渡良瀬川沿いに北上する。その後足尾線は第三セクター方式で継続しているが、繁栄の復活は容易ではないと推測される。

春の雨にしっとりと濡れた芽吹きの林が、いかにも柔らかく、そして美しく心和ませてくれる。銀山平は今、満開の桜が雨に打たれ、花びらを散らして行く道を友禅模様に染め上げている。国民宿舎かじか荘からは林道に入るが、ほかに車はない。この辺りはまだ冬枯れの装いを残している。

工事場から先は一般車進入禁止である。雨が又一段とひどく降り出し、林道に水が溢れ出した。無人の作業小屋を借りて装備の点検、ザックパッキングの後、新調のゴアテックス雨具を着用して出発する。ときに午後一時三十分。一ノ鳥居までは三十分程の林道歩き。一服して、そこからはよく整備された関東ふれあいの道を沢沿いに登り、三時三十分に山荘に着く。

旧山荘は閉ざされているが、山小屋としてまだ充分使用に耐えそうに見える。小さな沢を隔てた新しい山荘は六十人定員というが、八ヶ岳や北アでは優にその倍の人数を詰め込まれるであろう程、立派な二階建て造りである。まだこの時期管理人は入っていない。元来山小屋というより江戸時代から続く庚申講の講中の宿泊施設である。猿田彦大神の扁額がかかる。寝具もあり、階下の十五畳程の大部屋には畳が敷かれている。

今夜は我々の独占かと、内心浮き浮きしながら雨具を乾かし夕食の準備に取り掛かったところ、三人組が着いた。越後からという。越後にはいい山が目白押しなのに、はるばるこの山に入ってくるところをみると、我々と同様に百名山志向なのであろう。ふたつのパーティー合同で食事を終えると、越後組は二階へ、我々は大広間へ。予報では雨は明朝には上がるという。

午前四時起床の予定が十五分遅れた。雨は止み、東の空には幾つかの星が輝いている。湯を沸かしてポタージュスープ、紅茶、パン、リンゴ、キュウリにマヨネーズ味噌の朝食。アタックザックに念のための補助ザイル二十五メートル、ピッケル、アイゼンを装備し、スパッツの紐を締めて山荘を出る。五時二十分、東の方から青空が広がりつつある。袈裟丸山頂はモルゲンロートに染まっている。

庚申山の南西岩壁の直下をへつりながら、次第に高度を稼ぐ。小滝を幾つか巻き、チムニー状の岩を潜り抜ける。この辺り、残雪が凍りついてアイスバーンになっており、暗く陰気な所である。見上げれば岩壁と岩壁の狭い空間に薄雲が飛ぶように流れていく。遥か南の果てに真っ白に雪を被った富士山が望まれる。最後の十メートル程の滝を高巻きして尾根に出る。そこは意外に広い。そして途端に雪が深く一メートルを超し、ときどき大きく踏み抜いて腰に達する。踏み跡はなく、所々のツガマツの幹や枝の赤テープを頼りに尾根筋を辿り、七時過ぎに庚申山頂、一八九二メートルに着いた。

北西側が開け、真正面に目指す皇海がその山裾からすっくと立ち上がり、朝の光が谷筋の雪渓を浮き彫りにする。頂上付近には強い風に飛ばされた雲が絡み付いている。低気圧が東方海上に去り、それを追うように西風が音を立てて吹き抜けて、ツガマツ、モミの樹林が枝をこすり合わせて悲鳴をあげる。

ひと休みしてアイゼンを装着する。ここから二百メートル近くに及ぶアイスバーンの急な下りがあり、その鞍部から鋸山（一九九八メートル）までには、十一峰の岩場のピークを登り降りする。南面の、昨日までにいったん解けた雪が早朝の低温で凍りつき、小気味よくアイゼンの爪を噛む。

庚申山からは越後組が先行する。駒掛山に登った後は残雪の岩場を繰り返す。ときには鉄鎖の助けを借りながら、鋸山ひとつ手前の剣の山ピークに着く。鉛筆の芯程に尖った一坪足らずの岩の隙間にも雪が残っている。眺望は素晴らしい。南西面を除いた三方が切り立った急峻な岩場なのだ。足尾の山々の向こうに関東平野が遠く広がり、南遥かに奥秩父の連山が霞む。北にはまだ雪深い日光白根がその雄姿を誇り、その右手に太郎、大真名子、小真名子、女峰、男体の、深田のいう日光家族五山が一群をなす。

雪に妨げられて次第にペースが落ち鋸山頂は十時に近かった。

今や天気の心配はない。風は強いが気温も上がってきた。鋸山からの一気の下りはジャンプ台のような斜面であったが、雪が緩んでいたのでそれ程の恐怖感はない。やがて、目指す皇海への最低鞍部に着く。

夏ならば背丈程の笹藪で尾根が広く、ガスっていれば迷いやすい所だ。尾根を外さぬように進む。ここから山頂まで高度差三百メートル。所々で夏道を横切る。先行した越後組がルートファインディングに苦しみ、鞍部の上でひと息ついていたので合流する。

ここまで終始私がトップで来たが、ここからは越後の若手とトップを交替しながら登る。次第に急登になり尾根も狭まる。鋸から見たときには樹林に隠れてそれ程とも思われなかったが、相変わらずの深雪が続く。雪を蹴る靴の中の指先は冷えきっている。ふと見ると秋葉の帽子がない。先刻の強風で吹き飛ばされたという。

最後のピークを登り切るとしばらく平坦部に入る。どこが三角点かと探すうちに、四メートル以上もあろう程の青銅の立派な剣の奉納塔があることに気が付いた。明治二十六年七月二十一日の日付で往時の庚申講先達の建立とある。当時の盛んな様子が偲ばれる。

頂上に着いたのは、予定より遅れること一時間半、十二時三十分であった。山荘から実に七時間を要している。太陽は真南の天空から明るい日差しを注ぎ、雪の解けた平坦な五、六坪程のほぼ中央に、二等三角点の石杭が打ち込んである。北側は樹林に覆われ、木立の間に白根山が覗く。南面は開け、先刻通った鋸山の鋭い歯が、それぞれに雪を噛んで北側に落ち込んでいる。そして鋸から袈裟丸へと続く広い尾根は、六林班（ろくりんぱん）峠近くでゆったりと明るい笹の緑が残雪の白を織りなして連なり、春の日差しがダケカンバの林の中を緩やかにたゆとうている。

知らぬ間に、あれ程吹き荒れた強風は止み、静かな光の中でガスバーナーの青い炎が抜けるような空に快く響いている。この至福のひととき、私はこの山への長年の思いを静かにゆっくりと噛みしめていた。遥か南に雪の浅間が浮かんでいる。

帰路は鋸山直下でアイゼンを脱いだ。残雪の六林班峠を経て、鋸、庚申の中腹を巻きながら、雪解けで増水しつつある幾つかの沢を渡渉して庚申山荘に戻った。それは長い春の日も終わりに近く、夕間暮れの午後六時も半ばを過ぎたころであった。

途中、死後幾日も経ないカモシカの死骸が横たわっていた。その悲しげなまなざしがいっそうの哀れを誘う。小屋に置いた荷物をまとめ、ヘッドランプに頼って一ノ鳥居に下り、満月の中、林道を車の場所まで辿り着いた。ときに午後八時三十五分。

その夜はまだ誰もいない銀山平のキャンプ場にテントを張って、月明かりの下で無事の登頂下山を祝って缶ビールで乾杯。ゆっくりと空腹を満たして、夜半過ぎ寝袋にもぐる。テントの中は温かく、フライシートを通して淡い月の光が朧に差し込んでいる。明日からの裏日光の山々へ思いを馳せ、静かに込み上げてくる山行の後の充実感に浸りながら、急速に眠りの世界へ誘いこまれていった。

平ヶ岳（二一四〇メートル）

昭和六十三年の賀状の中に、浜松時代に奥天竜の幾つかの山行をともにし、現在は新潟にいる寺尾書記官からの一通があった。それには、昨秋快晴の一日平ヶ岳に登り、遥かに富士山が望まれたことが書かれてあった。『日本百名山』でも、この山は奥深く山道が開かれていないことから、深田氏は相当に難儀して登った様子が窺われる山である。今でもそのアプローチの長さは地図の上でも明らかであるところから、この年の山行計画には、この山は入れていなかった。

しかし寺尾君に電話で確認したところ、最近中ノ岐川沿いの林道が整備され、平ヶ岳沢のかなり奥まで車で入ることができ、このルートを使えば地元では日帰りも可能になったとのことであった。そこでこの年の残雪期にこの山に登ることにした。同行はいずれも百名山を意識している山仲間の秋葉、高橋、田中である。

梅雨に入ってぐずついた天気が続いていた。七月二日、いつものように早朝の池袋駅北口で秋葉を拾い、関越道を走る。昨夜遅くまで雨が降り続いていたが、今日は小康状態で、群馬県に入るころには日が差し込んできた。

沼田ＩＣで信州組ふたりと合流して小出ＩＣで下り、昨秋の駒ヶ岳と同じ道を湯之谷村に向かう。枝折峠越えは相変わらず道路工事で通行規制のため、奥只見シルバーラインのトンネル続きの道を銀山平に抜ける。それらは、奥只見電源開発工事用に掘り抜いたトンネルであるらしい。長く曲がりくねった暗いトンネル内は、天井から水滴が滴り落ちて路面が湿り、恐らく冬期は凍結してツルツルであろう。

銀山平には民宿も二、三軒あって、遊覧船が船着場に舫（もや）っていた。湖畔に沿って幾重にも入り組んだ国道352号線を走る。所々でこのところ降り続いた雨水が谷から道路上に溢れ、小石を転がしている。雨池橋から中ノ岐川沿いに遡る。川は水量豊かに流れ、昨日までの雨にもかかわらず、その水に濁りはない。

ときどき谷が狭まり、流れが一挙に落下して壮大な瀑布を広げている。朝が早かったため、林道の悪路にもかかわらず、みんなその大揺れに身を委ねて眠りこけている。西沢と分かれて左折し、本流沿いに遡る。雨池橋から一時間以上も走った所で、林道が崩壊しており進路を阻まれたので、そこから先は歩くことにする。午前十一時近かった。

天気は下り坂であったが、まだ高曇りの空から薄日が差し込んでいる。行く手左に張り出した尾根の上に、平ヶ岳の山頂があるであろうと予測された。

五万分の一地形図にはこの山道は記されていない。尾根に取り付く前に平ヶ岳沢を渉る。ロープが一本両側のカバの太枝に渡してあるだけである。激しく岩に砕けて流れる沢の水は目の前を奔馬のように駆け下っていく。ロープに手をかけながら、流れの中央を大石伝いに跳躍する。ザックの重さが加わり思う程には跳び切れないが、何とか渡り切って尾根に取り付き、急登をひたすらに歩く。

沢を挟んだ向こうの劒ヶ倉山（一九九七メートル）は、その名の通り崩壊した岩肌を曝して鋭く落ち込んでいる。その山頂付近に霧が巻き付いて、いっかな離れようとしない。一九〇〇メートル辺りから上は恐らく霧の中であろう。平ヶ岳沢に幅広い白線を描いて大滝が落下している地点に出た。その下は一面に深い針葉樹林が谷間を覆って、谷筋は暗い。沢の音が消えて残雪が現れ始めたと思う間に、辺りは次第に光が閉ざされて、ゆっくりと漂う霧の中に沈み込んでいく。

ぽっかり湿原の端に出た。木道が設けられている。ハクサンコザクラなど湿原の可憐な草花が、湿原をゆっくりと這う霧に優しく愛撫されているのように静かに揺らいでいる。そのピンクの花弁が、霧の中であるいは濃く、あるいは淡く浮かび上がって、あたかも夢幻の世界にあるかのごとく甘美な陶酔に誘われる。

霧はますます深く視界は十メートル以下である。木道を頼りに水場を探すが見付からない。そのうち木道も残雪に埋まって消えてしまった。

霧が雨になってきた。雪の解けた小笹の平坦な所にテントを二張り設営する。雨が激しくなってきた。近くの残雪を解かしてテントの中で食事をする。フライシートに降り掛かる雨の音のほかに何も耳に届かない。奥深い山の真っ只中にいる。平ヶ岳山頂付近での幕営は随分以前からの私の密かな憧れであった。夜半過ぎになって雨は止んだ。

七月初旬の夜明けは早い。午前四時には白々と明るくなる。相変わらず森閑として物音ひとつしない。遠くの樹林の中でときどき野鳥の鋭い鳴き声がしじまを破って響き渡る。テントから這い出す。平ヶ岳沢の谷底にはまだ霧が残っている。ここは周囲の丘陵状の山に囲まれた窪地の最上部で、その底に向かって残雪が広い雪渓を形成している。二百メートル程下の扇の要状の底部に水場があるのであろう。そこにふたつのテントが見える。食事の支度をするうちに空は青さを増し、やがてテント入口の正面から朝の光が雪渓の風紋を鮮やかに照らし出して、光と影の無数の波がそこに浮かび上がる。恋い焦がれた平ヶ岳山頂の光景が、今実現しようとしている。うちなる喜びが胸の高鳴りとなって溢れんばかりであった。

昨日の霧の悪戯でたまたまここにテントを設営したのだったが、下の水場であったならば、刻一刻変化するこの光と影の豪華絢爛の織物を、目の当たりに満喫することはできなかったかもしれない。

姫ヶ池付近は大小の池塘の群れである。ときどき水面を吹く微風に身を震わせてピンクの花が揺れる。ここには全く無垢の自然が横たわっている。鷹ノ巣からの登り道に沿っていったん針葉樹林帯に下り、水場の上辺りに出る。ワタスゲが一面に風に揺らいで、白いむく毛の玉が頭をぶっつけ合い、ヒメシャクナゲが薄い紅色の釣鐘状の花を厚い葉の下にびっしりとぶら下げている。雪渓の遥か上に我々のテントがふたつ、朝の明るい光をいっぱいに浴びている。

樹林をくぐり抜けた所が山頂に続く広い草原である。ここは苗場山の山頂より少し狭いが平坦である。点々と池塘が見える中を、木道沿いに歩く。あまりに平らなため、最高点がどこかは標識に頼るほかない。

見慣れた高山植物が多いが、やはりこの山ではハクサンコザクラのピンクが著しい。南側尾根の果てに至仏山が小至仏と重なり、その左にぐっと近く燧ヶ岳が大きい。東には会津駒から中門岳への緩やかな残雪の稜線が浮かんでいる。

山頂から西にしばらく漫歩する。兎岳、中ノ岳、越後駒ヶ岳はまだ雪が深い。駒ヶ岳の雪に、昨秋のあの燃えるような紅葉がオーバーラップする。背後の空は淡いブルーに染まり、薄く刷毛で撫でたようなぼんやりとした雲が浮かんでいる。数多い谷間から霧が巻き上がっている。七月というのにここは今春爛漫のときである。いつまでも見飽きることのない四方の山々の姿であった。

テントに戻る途中の水場には、手を切るように冷たい雪解け水が豊富に流れていた。日差しの強さで昨夜の雨に濡れたテントはすっかり乾いている。

帰路、玉子石の奇岩に立ち寄ってみる。湿原と池塘群を背景に、玉子（卵）を立てたような高さ四、五メートルの巨岩が、なぜか取り残されたようにひとつだけ転がっている。絵葉書的な景観である。

昨日、霧の漂う湿原で見た草花の幻想的な佇まいは消え去り、今は明るい日差しの中で喜々として風と戯れている。立ち去りがたい思いで下山の途についた。心和む平ヶ岳山頂付近の湿原や池塘群、そして可憐な花々との交流は、今でも脳裏に深く刻み込まれて消えることがない。

黒部五郎岳（二八四〇メートル）
笠ヶ岳（二八九七メートル）

年中行事の夏山に黒部五郎岳を選んだのは、昭和六十一年の初めのうちであった。五月連休明けには一週間の日程を組んで、主要メンバーの渡瀬、村松に知らせておいた。

八月も半ばを過ぎると夏の山も幾らか静かになる。岡谷の村松の奥さんの実家に一晩厄介になり、翌朝松本新島々のバスターミナルに集合する。渡瀬は伊那か

ら、田中も佐久から加わった。二台に分乗し、四日分の食糧を積み込んで出発。安房峠を越え、平湯を経て下山予定地である上宝村の新穂高温泉に向かう。ここまでは昨秋の槍ヶ岳山行と同じ道である。下山後の宿泊を予約し、ここからは渡瀬の新車に全員が乗り込んで神岡に向かう。神岡はこじんまりとした静かな佇まいの城下町である。鉛、亜鉛の産出量日本一を誇る鉱山は町の北にあるが、下流の阿賀野川で発生した公害問題も鎮静して久しい。

今回の登りに選んだ神岡新道はダイヤモンドコースの別称もあり、アルプス銀座で賑わう槍、穂高を離れて静かな山旅が許されると、山と渓谷社のガイドにあった。ひとつ山を越して山間の集落に下り、最後の打保の集落を過ぎて林道を登山口まで詰める。昼食を取り、パッキングの後出発、既に正午を廻っていた。

一時間程登っていったん小さな沢に下る。湿地帯の木道でひなたぼっこしていた一メートル足らずの何匹もの蛇が、足音に眠りを覚まされて茂みにスルスルと隠れ、その微かな葉擦れの音が辺りの静けさを際立たせる。

夏山の初日はいつも二十数キロの荷物が肩に重くくい込む。寺地山からは緩やかな登りとなり、ときどき湿地帯が開け、池塘にニッコウキスゲが咲いている。出発時には晴れていた空がそのころから雲に覆われ、細かい雨が落ちてきた。

ようやく北の俣の稜線が近付いたのか、広々とした草原の一角に着く。高を括ってのんびりと登ってきたことと、出発が午後であったことが重なってか、意外に疲労感が残る。今夜はここの避難小屋に泊まる予定である。最近再建したばかりとのことであったが、素晴らしいログハウス風の小屋であった。新築後二ヵ月、しかも水は小屋の前に豊富に流れ、防雪のため、高床式で清潔そのものであった。我々の他に利用者はいない。雨は小止みなく降り続いている。食糧担当の田中の献立によると、初日は高カロリーの食品が並ぶ。明日からの連戦に備えることもあるが、一同正直なところ重量を少しでも減らしたいからでもある。お蔭で先刻の疲労感は拭い去られ、この高原の快適な別荘でぐっすりと寝込む。

翌朝、雨は多少残っていたが、天気は回復の兆しが見える。北ノ俣、太郎山の稜線は目の上に近い。しかし、早朝の登りはなかなか調子がでない。

この辺り、至る所に池塘があり、しっとりと濡れたキスゲが鏡のような水面に影を落としている。振り返れば、避難小屋が遥か彼方の針葉樹林の中に沈んでいく。

北ノ俣の稜線上は草原が明るく広がっている。雲の平の広大な谷地を隔てて祖父岳、水晶岳がぐっと迫ってくる。北の方、太郎兵衛平の向こうに薬師岳がカールの袴をはいて端座している。南東遥かに目指す黒部五郎岳は、目の前の北の俣岳の向こうにまだ遠い。

空が明るくなり薄日が差し込んできた。雨具を脱ぐ。既にびっしょりと汗ばんだ肌に、草原を吹く風が心地よい。ハクサンイチゲの群落が多い。チングルマは早くも茶褐色の綿毛をなびかせている。先刻出会った、太郎平小屋から登ってきた中年女性三人組が前方に行くのみで、この広い草原は伸びやかに静まっている。ときどき岩雲雀の囀（さえず）りが高く空に昇っていく。こんな所を急いで歩くことはない。北ノ俣、赤木岳、中俣乗越を越えて二五七八メートルのピークで大休止。草原の花々と四囲の闊達な山々に埋まって、楽園の午餐である。

黒部五郎の肩に荷物を置いて山頂に立つ。カールの先、遥か彼方にポツンと小さく小屋の尖った屋根が見える。そこはガラガラした岩の堆積であった。肩に戻ってカールの底に下る。谷が深く切れ込んで幾筋もの雪渓が大きい。辺り一面コバイケイソウの群れである。雪渓の白を背景に、緑の葉の上に大きな淡い萌黄の花が、一種落ち着いた安らぎを与えてくれる。期せずして、全員がこの安らぎに沈潜したい思いに駆られた。

見上げれば先程の山頂から、巨人がその巨大な爪でひと掻き抉り取ったかのように岸壁が深く削れ落ち、その外壁が高く聳えて東に長く延びている。ここは黒部の源流である。道は沢沿いに下っている。ゴーロ状の沢から灌木帯に入り、二時間程で又広い湿地帯に出た。特徴のある三角塔の屋根はかなり大きい。

近くのテント場に設営する。夕食は例によって既定のメニューである。しかし、やはり飯がうまく炊けるかどうかが食事の楽しみの最大の鍵である。これは、いったん休んだら容易に動かない村松の担当である。

今回はテントがやや手挟であった。荷物にポンチョをかけて風を避けてまとめ、頭と足を交互にサシミ状に寝る。テント内の空気が、靴下の悪臭といびきの合唱に汚染される前に眠り込まねばならない。灯りを消して寝袋にもぐりこむ。そこは真の闇。間もなく小屋のエンジン音も止むであろう。

翌日、黒部乗越の朝は早い。好天である。南の山並の果てに小さく笠ヶ岳の頭が覗く。朝食を済ませて、テントを撤収しているとき、百メートル程離れた小屋の前で威勢の良い掛け声が聞こえた。見ると昨日の三人組が出発前の準備運動をしている。

直ちに三俣蓮華への登りにかかる。樹林帯を抜けて二六六一メートルのピークの手前辺りから視界が広がり、行く手に双六、樅沢岳が重なる。相変わらず南の外れに笠ヶ岳がポツンと浮かんでいる。槍、穂高の連峰はガスの中である。三俣蓮華から双六へは尾根通しで急登もない。双六岳頂上付近は駄々広くまるで大福餅の上のように丸くなだらかである。正面の槍ヶ岳は相変わらず姿を見せない。

双六小屋に下って昼食にする。小屋の前面いっぱいに鷲羽岳が大きく赤茶けた羽根を広げ、その左遠くに水晶岳が、ピラミダルな山容の黒ずんだ肌に陽光を照り返している。このとき、密かに来年の夏山の目標をこの二座に決めた。

双六池の残雪が少ない。聞けば、笠ヶ岳への稜線上は秩父平に多少の雪があるのみで、水場は全くないとのこと。日程にはまだ余裕がある。予定では秩父平に幕営であったが天気も安定してきたので、いったん鏡平に下って英気を養うことにする。

鏡平は湿地帯に池塘が大きく、真近の槍、穂高が水面にその影を落とす。静かな気分のよい所である。ただ、夏期のこの付近は幕営禁止とのことで、止むなく小屋に素泊まりする。今回はみんな過食気味だったのか、予定より食糧に余裕がなくなったので、小屋でラーメンを買い入れて補給する。翌日の長い行程に備えて早めに眠りに就いた。

　未明、満天に星、西に傾いた月の光が白い。簡単に腹ごしらえして、ヘッドランプの灯りを頼りに弓折岳の稜線まで登る。三十分位で背後に槍のシルエットが白々明けてくる中に浮かび上がる。そして刻一刻、空は漆黒から薄墨色に、中天に浮かぶ雲が淡い紅色に染まるころには本来の青さを回復して、ついに一条の薄紅の矢が岩肌を貫き通す。朝だ。黒のベールは一瞬のうちに切り落とされて、この世界に光芒が満ちる。

　稜線上に立って振り返る北アの盟主槍、主峰穂高のシルエットと、東の空の燃えるようなモルゲンロートの鮮烈さは息を呑む程の美しさであった。振り仰ぐ空は限りなく深く、セルリアンブルーに吸い込まれている。縦走路に人影はない。大ノマ乗越を経て再び登ると、秩父平の窪地の向こうに秩父岩の崩壊が荒々しい。秩父平は広く快適で残雪もある。この程度あれば幕営は可能であった。腕時計のアラームがちょうど八時を知らせた。小休止する。

　抜戸岳までは何度かのアップダウンを繰り返す。朝、右俣左俣の谷を覆っていた霧は拭い去られたように消えている。夏山でこれ程の快晴は何年振りのことであろうか。抜戸岳から先、延々と続く尾根の向こうのピークは目指す笠ヶ岳のみである。緩い登りが続いている。

杓子平への分岐に荷物をデポして、デイパックスタイルで山頂を目指す。山荘の屋根がみるみる近くなる。たおやかな肩である。左の下に播隆平が広がっている。笠ヶ岳山頂で缶ビールで乾杯。槍の穂先が遥か彼方にあり、ずっと遠く左にゴマ粒程に黒部五郎小屋が見える。昨日、そこからこの山頂は遠かった。

山荘から少し下の水場は、雪渓から滴り落ちる清冽な水が、雪のトンネルの奥深くから豊かに流れ落ちている。この水も又我々の独占が許された。真下の広大な播隆平は、ゴージャスな自然の造園である。その向こうに穂高の山々が連なる。山頂からクリヤの頭までの岩壁は、今まで見てきた優しく穏やかな笠ヶ岳とは対照的に、鋭く深く切れ落ちた峨々たる断崖だ。その谷底は暗い。うららかな光を浴びて、ここでの流しソーメンもまた忘れ難く美味であった。

帰途、杓子平を越えて峠で振り返った笠ヶ岳は、既に肩から上を湧き上がる雲に巻き付かれ、山荘も目にしかと確かめることができなかった。急峻な道を駆け下り、林道に出て更に一時間、ようやく新穂高温泉に着く。午後六時であった。早朝四時からの長丁場に一同疲労の極みにある。しかし、身体の疲労とは裏腹に、この四日間の山行を終えて戻り着いた温泉民宿で、我々はそれぞれの充実感に深く満たされていた。わずか四日の日々が、我々にそれ程の命の躍動を与えてくれたのである。

この夜、二年後の夏山二十周年記念の計画が渡瀬と村松によって発案された。私が職場の先輩石原氏に引っ張られて、初めて南ア茶臼岳に登ったのは昭和四十三年の夏であった。それから二十年経ったことを、お祝いしてくれるというのである。その記念の山は、昭和六十三年、強風雨の中、私にとっては四回目の南ア聖岳であった。

今、その日も過ぎて久しい。時が流れ、過去が次第に茫漠たる世界に広がっていく。

飯豊山（二一〇五メートル）

昭和六十三年四月のことだった。新発田支部へ転勤した新潟の寺尾君から、近くに飯豊連峰があるからと山行の誘いを受けた。彼は十年くらい前の浜松時代には天竜山岳会に入って盛んにトレーニングに励んでいたし、一緒に山行したときも足にはかなり自信があるようであった。私も今は百名山登頂をうちなる思いとしているつもりである。渡りに舟の思いでこの誘いに乗ることにした。

この年は七月下旬になっても梅雨明けが宣言されていなかった。しかし早くから、山行計画は七月末の土曜日からと決めてあった。彼はあらかじめ丁寧な飯豊の山行ガイドと、新発田市内の仮寓の所在地を知らせてくれた。

これまで関越道を小出ＩＣから先に走ったことはない。東京を正午過ぎに出発する。沼田ＩＣでしばらく待つと、高橋と田中がやってきた。高橋は北アから戻ったばかりとのことであった。この世の営み全てと同様に、山に登るにもチャンスがある。特に住まいから遠く離れた山に登るときは、一度そのチャンスを失うとまず気力の再生を待たねばならない。

昨日まで降り続いていた雨が止み、雲が切れ始めた。午後からは日が差し込み、関越トンネルを抜けて越後路に出ると強烈な夏の光が溢れるようになった。蒲原平野は広い。こんな平地ばかり走っていったい山があるのだろうかとさえ思う。海に近く弥彦山塊が遠くに見えるほかは、青田の原がどこまでも続いている。

平野を蛇行する信濃川を二回渡って新潟市街南側のバイパスを走り、国道7号線を北上して新発田に向かう。暮れなずむ東の空に、ようやく福島、山形、新潟三県境の膨大な山影が近付いてきた。飯豊連峰の山々である。

予定に遅れること一時間の午後七時ころ、新発田城址濠端の寺尾君の仮寓に辿り着いた。

彼の奥さんも浜松時代の職場の知己である。七、八年ぶりの邂逅（かいこう）に懐かしさが込み上げてくる。随分と御馳走の歓待であった。尽きない程に話題があったが、明日からの山行の準備にかかるため、その残りは下山後に続けることにした。

翌早朝、ＪＲ赤谷線沿いに走る。赤谷鉱山の鉄鉱石搬出のために敷設された鉄道であるが、鉱山は昭和四十三年に閉山している。加治川治水ダムから先は林道となり、既にそこは山が深い。遥か彼方の中空に、烏帽子岳のピークがちらっと垣間見えたが、すぐ山陰に隠れてしまった。林道終点が加治川発電ダムである。広場に駐車して朝飯を済ませ、パッキングを整えて出発する。

湯の平渓谷沿いにブナの林を抜け、幾つかの吊橋を渡って、岩沿いに流れの近くへと下りると、カマボコ型の湯の平温泉小屋がある。冬期は吊橋が閉鎖され、温泉小屋は雪に埋まって春を待つとのことである。ここまで約一時間を要した。野趣に溢れた露天風呂の楽しみは下山後に残し、ひと休みして水を詰め、小屋の左手の急坂に取り付く。電光型の岩道で、梯子、鉄鎖もあるが、やはり両手両足で攀じ登らねばならない。鳥居峰の手前まで、覆い被さる程の断崖の岩道を尺取虫のように這い上がっていく。最初から相当の消耗である。

特に寺尾君はふたりの負担を減らそうとして多少オーバーロードになったのかもしれない。それに加えてザックが旧式のキスリング型であった。鳥居峰を過ぎて何回かのアップダウンの後、丈の低い灌木林の登りに差し掛かったころから遅れ始めた。虎清水の水場辺りで昼の予定であったが、彼のへばりが著しい。飯豊川にかかる不動の滝の滝見場を越え、まだブナの疏林の残る所でゆっくり休んで腹ごしらえし、エネルギーの回復を図ることにする。

昨日の午後、関東では梅雨明け宣言があった。東北に接するこの地域では、今日辺りが梅雨明けであろう。強い日差しをブナの大木の影に避けると、飯豊川の谷筋から北股川の谷に吹き抜ける涼風が、汗に濡れた肌を心地よく撫でていく。少しずつ彼の荷物を分担して、再びゆっくり登り始める。高橋、田中の持久力の強さは、既に実証済みであったのであまり心配はしない。虎清水は岩から滲み出る程の細い水であるが、冷たくて実にうまかった。そのときは最悪なら中峰の泊場でもよいと考えていた。そこには広い草場の露営地があり、わずかながら残雪の下から水が流れ出しているはずだ。しかし、まだ三時には間がある。

急登から解放され、休憩の効果もあったのか寺尾君の調子は回復してきた。天気も心配ないのでそのまま登り続けることにした。

中峰を登り切ってしばらく行くと、尾根筋は一本になり、それが北股岳山頂に迫り上がっていく。烏帽子、御西の飯豊主稜線が左から右へ長大に横たわり、飯豊川の深い谷間を挟んで南側の大日、西大日の尾根が大きく馬の背のように緩やかに波打っている。一六〇七メートルのピークから先は、正面に北股を見てその左に主稜線が延びていく。

日は西に傾き、先刻までのあの熱気は失われ、雪渓を撫で上げる風はひんやりと冷たい。

そのそよ風に戯れて、道傍の草むらに薄紅の大きな花びらがぽっかりと浮かんでいる。初めて見る山の花であった。ヒメサユリと呼ばれていると、高橋から教えられる。その名のように楚々とした優しさが、細く長い、しかし芯の強そうな茎の先の花びらの一枚一枚に漂っている。

やがて北股岳右下の洗濯平の雪渓が、近く大きく見えてきた。この辺り標高二〇〇〇メートル足らずというのに、周りの幾つもの谷を埋める雪渓の大きさには目を見張るものがある。冬期の雪の深さの程が推測される。二俣から尾根を外れて雪渓の上を歩く。湿地帯には雪解け水があちこち豊富に流れている。

洗濯平は広々とした絶好の露営地である。既に幾つかのテントが設営されていた。大日の頭にガスが巻き付き始めた。と見る間に、飯豊川の詰めの雪渓上にも谷からガスが湧き上がって流れ始め、間もなく辺り一面を包み込み、吹く風は寒さを感じる程の冷たさを運んできた。薄暮のうちに食事を済ませ、テントの寝袋に潜り込む。寺尾君とふたりで伸び伸びと寝る。風が強くなった。しかし朝からの疲れで眠りに落ち込むのは早い。

翌朝、素晴らしい快晴である。北股岳南側斜面は雪渓とコバイケイソウの背後に、抜けるような青空が広がっている。大日岳はその山頂付近にわずかにガスが残っているが、それもこの明るい光の中に溶け込んで、間もなくその全容を現し始めるだろう。そのほかに雲ひとつない。

十文字鞍部の梅花皮（かいらぎ）小屋まではハイマツ帯を登る。北側斜面に石転ビ沢の大雪渓が、遥か下方に向かって広がっている。それは白馬雪渓に優るとも劣らぬ長さである。小屋には山形の女子高校生の一団が出発の準備をしていた。

ハクサンイチゲ、ヒナウスユキソウ、チシマギキョウ、コゴメグサ、コイワカガミ、ヨツバシオガマ、そのほか名も知らない小さな草花が、新潟側斜面いっぱいに咲き乱れている。

梅花皮岳を越えて、烏帽子岳山頂に着く。東の方遥か雪渓の向こうに、飯豊本山とその手前の駒形山が、ピラミダルに整った双耳峰を描いている。亮平の池、御手洗池などの池塘と雪渓と、草原に咲き乱れる無数の小さな花々と、ここは実に豊かな自然そのものに満ち溢れた尾根道である。天狗の庭は広い斜面に湿原と池塘が静まり返っている。天狗岳に登り切った所で、行手の稜線上に御西小屋がポツンと見える。そこまではほんのひと息であった。

小屋の西側の草地にテントを設営して食事の後、軽装備で飯豊本山まで往復する。御西沢、御鏡沢は豊かに雪渓が残り、その上部の草地にはハクサンイチゲ、チングルマ、キンポウゲが風に揺れて、明るい花園が一面に広がっている。そして闊達な尾根が御西から駒形まで続いている。本山山頂の祠に着く。今朝から歩いてきた北股からの主稜線が西に長々と横たわり、ここからは飯豊連峰全域が一望の下である。重畳として山並がうねっている。

再び御西に戻り、今度は大日岳をピストンする。尾根北側に文平の池が大きい。飯豊川深奥の詰めにある絶好の露営地である。大日岳真北に昨日喘ぎながら登ったオーインの逆峰が北股から鳥居峰まで飽きる程に長い。日は西に傾き、牛首山から南へ延びる尾根筋は次第に光を失って影の中に沈み込んでいく。ここが飯豊連峰の最高点、大日岳ピーク（二一二八メートル）である。

テントに戻って、草地でとき折り飯豊川から吹き上げる夕風に打たれながら夕食にする。オーインの逆峰の向こうに静かに沈んでいく夕日が、西の空をゆっくり茜色に染め上げていく光景に、飽きることなく見惚れる。そのうちに周囲の色彩は失われ、宵闇に黒々と大日岳の影が解け込んで、やがて星が中天に輝き始める。西の闇の彼方は新発田の街の灯りであろうか、遠くほのかにちらついている。南に点滅するのは米沢の明かりであろう。近くのテントの学生たちの関西弁がいつまでもうるさく耳についた。

翌朝も好天である。早くから山頂は夏の光に溢れ返っている。

湯の平温泉までの行程は長い。早朝の柔らかい日差しの中を出発して帰路に着く。主稜線上を歩き、昨日外した北股山頂を踏む。ここにも祠がある。鳥居が不相応に大きい。北に続く門内岳の小屋が近く目の下に見える。更にその北に深く稜線は延びやがて日本海に落ち込んでいく。飯豊本山を振り返りながらゆっくりと休み、それから少し尾根を下り、洗濯平で昼にする。真夏の太陽がじりじりと照りつける。寺尾君はすっかり食欲が落ちてしまった。

中峰までは一気の下りである。次第に疲れが全身に廻ってくる。虎清水の水場で飲んだ、渇いた喉を通り抜けて身体に染み込んでいく水は、まさに甘露と呼ぶにふさわしい。その後湯の平温泉まではただ無心に手足を動かすのみ、いっさいの思考作用は停止してしまった。

湯の平温泉の露天風呂こそ、自然の岩を刳り抜いた、言葉の真の意味で自然風呂であった。その岩風呂の至る所に兵卒の名が刻み込まれている。戦時下の若者がどのような思いでひと打ちひと打ちを刻みつけて戦線に向かったものであろうか。しかし当時、その思いの全てを表すことは到底許されるものではなかった。湯舟の近くを流れる飯豊川の流れは激しく岩に砕け散り、断崖の谷底から見上げる空は小さい。

ほぼ一時間遅れて辿り着いた寺尾君は、温泉に浸かって疲労が一度に全身に廻ってしまった。あれ程弱った彼をかつて見たことがなかった。暑さも加わったが、飯豊の山々が思いのほかに深かったのである。それだけにあの広い尾根筋の天と地の明るく開けた様は滅多な山では満喫できないものがあった。好天にも恵まれたが、思い起こす程にますますこの飯豊山行は豊かな実りをもたらしてくれる。彼の体調も間もなく回復したとのことであった。

第三章

山を喜びとして

島に暮らす――八丈島

人事異動のローテーションから推測すれば、東京の次の異動は北海道、九州が予測されたので、網走への転勤を希望していた。郷里の母が健康を維持している間に、僻地勤務を重ねておくことも考えていたのである。

昭和から平成に元号が変わった日、思いも寄らない八丈島への転勤の内示があった。確かにこのところの異動で、身近で仕事をしていた先輩裁判官が沖縄や伊豆大島へ転勤していたことを思えば、私にも離島への異動が考えられないわけではなかった。しかし、あまりに希望任地とかけ離れた条件に戸惑いを隠し切れず、即答はできなかった。が、人事異動をひっくり返すには決定的な証拠が必要なのだが、手持ちの証拠をいくら積み重ねてみても、反証が効を奏する確率は低い。全く経験のない世界を体験することも、又未知との遭遇の楽しみがあると考えることにした。

かくして平成元年四月、妻を伴って八丈島空港に降り立った。空気も太陽も、そして辺りの植物も亜熱帯の雰囲気であった。もちろん東京から南へ三百キロの八丈島が亜熱帯そのものであるはずはないが、三宅島との九十キロの間を流れる黒潮の影響で、緯度の割りには亜熱帯もどきの植物が育っている。人口は一万人弱、漁業、園芸農業それに観光が島の主要な産業である。裁判官のほか書記官兼庶務課長一名、事務官二名の最小規模の裁判所である。

流人の島といわれる程には、流人の数は多くない。関ヶ原の戦いで敗れ、一六〇六年にここに流された浮田（宇喜田）秀家以来、約二六十年間で総数二千人余りでしかない。しかしこの島には、甘薯（カンモ）栽培、黄八丈染め、黄八丈織りなど、流人のもたらした文化が根付いている。

今でも航空機六便と船一便のほかに本土との接触はない。最終便が発つと、翌朝までは絶海の孤島であることに変わりはない。町立病院の医療水準を超える緊急事態には、警視庁か自衛隊のヘリを出動要請することになる。警察による治安維持活動はことさら重要である。八丈島から更に南へ四十キロの海上に青ヶ島がある。そこの派出所勤務の警察官も、全く生活経験の異なる村での一年間は一種の緊張の連続で、ときには勤務に耐え切れずノイローゼになってしまう者もあると聞いた。

空から見ると全島緑に覆われた平和なこの島にも、人と人との紛争は起こる。文字通りの閉鎖性の強い社会であるから、刑事はもちろん民事事件においても、社会的なサンクション（制約）が強く働き、紛争の表面化を抑えてしまう。従って、いよいよ表面化した紛争には根深いものが多い。

先代先々代時代に押さえ付けられた恨みが、その後の社会的経済的力関係の逆転によって噴出することがある。それは通路をめぐる争いに典型的に現れる。恐らくおおらかな時代には、他家の庭先も畑も当然のこととして通行が許されていたのであろう。観光産業がもたらす地価の値上がりはここでも紛争の種を蒔く。

過ぎ去った山旅を振り返ろう

紛争が起こるとはいっても、前任地とはケタ違いに事件数は少ない。裁判官が常駐していること自体も、重要な職務の一部である。民事調停委員の方々を始めとする島の人たちとの交流は、それだけにいっそう大切であった。テニス、卓球がここでもその手段として大いに役立った。これは私なりの文化伝達の手段である。私が知った島の人たちは数に限りがあったものの、みんな素朴な感情で受け入れてくれ、それだけにこちらもできるだけのものは伝えたいと思った。夏、真っ青な海に潜ってヤスで突いた鯛やトコブシを、その場で焼いてくれた樫立の卓球仲間との浜遊びは、島の人々との交流の典型的な思い出として忘れ難く残っている。私としては島の人たちの目が少しでも島の外に向くことを願わずにはいられなかった。

八丈島に赴任して以来、本州の山々は随分と遠くなってしまった。海に囲まれた日々の中で、山への思いは却ってその深まりを増すばかりであった。私がそのときまでに登った山々のうち、日本百名山に数えられた山について回想したいと思った動機がここにある。そして私は、こう書き出した。

八丈富士（八五四メートル）は、八丈島空港に降り立つと、緑の衣を纏ったそのたおやかな全身が視界いっぱいに飛び込んでくる。秋から冬の空気の澄んだ日には、まれにこの山の頂から駿河の富士が望めることもあるという。山頂に立つと眼下の周囲は全て海。群青色に染まってどこまでも続く海原の、所々の根（岩礁）に砕ける白波が、海底深くに秘めた自然の力を垣間見せている。ここには、荒々しい潮騒は届かない。ただ海の広さのみが私を圧倒する。

ふと、ここにいることの不思議さを感じる。未だかつて経験したことがない周囲六十余キロの島の生活が今始まろうとしている。

弛緩した時の流れと静かな緑溢れるこの空間は、過ぎ去った山旅を振り返る絶好の機会を与えてくれる。与えられたこの時の膨らみに過去を投影させてみたい衝動に駆られ、徒然なるままに命の歩程に合わせて回想の山をつづってみたいと思う。

八丈島簡易裁判所勤務の二年間は夏期休暇以外に山に登る機会はなかった。山行に代えて、山への思いを凝らして書き溜めているとき、私は何回も何回も過ぎ去った山行の日々を思い起こした。そしてその中で再びそれぞれの山へ登ることができた。そんなときうちなるものの鎮まりを胸の奥底深くに感じる。これは私にとって密かな至福の時であった。

八丈島勤務の締めくくりの年、平成三年元旦の私の年賀状は次のようなものであった。

『八丈島での生活も二年となりました。かつて経験したことのない海の蒼さと空の碧さでした。シルエットに浮かぶ八丈小島の向うの海原の果てに、ゆっくりと沈んでいく燃えるような夕日の光の穂先が、波間に躍ってきらめいています。こんな日には、なべて自然は事もなく穏やかに見えますが、ときには鎮めようもなく怒り狂います。そんな日はじっと静かに耐えて嵐の過ぎ去るのを待つばかりです。この激しく変貌する自然の営みが教えてくれたものを大切にしたいと思っています』

薬師岳（二九二六メートル）

平成元年四月に八丈島に赴任して以来、本州の山々は随分と遠くなってしまった。海に囲まれながら山への思いは深まりを増すばかりである。

夏期休暇の間に登れる山をひたすら探す。北アで残っているのは薬師岳、立山、乗鞍岳の三山である。広大な雲の平の谷地と黒部の源流を挟んで、水晶岳、赤牛岳の西に並行する北ノ俣岳、太郎山、薬師岳の山並は、静かでその懐が深く、歩いて伸びやかであることは既に数年前の黒部五郎岳山行で感じ取っていた。しかし、島からの射程距離は短い。そこで長期休暇がままならぬ身では、年一度の山行の照準をこの三山に合わせることにした。八月十八日、五ヵ月ぶりに島を離れ、静岡の自宅に帰る。翌日を準備に費やし、二十日午前二時三十分、久し振りに愛車プレーリーに荷物を積み込み、渡瀬とふたりで出発した。村松も参加予定であったが、突然の八月一日付の人事異動のため不参加となってしまった。十年続けてきた夏山行の主要メンバーの欠如は何としても残念であったが、しょせん山は趣味のうち。これも致し方ないことである。

交替に運転したので、睡眠不足を補うことができた。午前五時過ぎには松本ＩＣに着く。落ち合い場所のほんの百メートルの不一致から一時間余りのロスタイムが生じて、一時はどうなることかと先行きが心配された。が、大事に至らず、田中、河野のふたりと四日分の食糧を積み込んであらためて出発。安房峠を越え、平湯から神岡に出て、国道41号線をしばらく北上した後右折して大多和峠に向かう。このところの好天続きで、林道は乾き切って土埃が舞い上がる。

峠の展望台でひと休みする。かつての有峰の村落が湖底に沈んでいる有峰湖の向こうに、霞がちながら太郎山が姿良く浮かんでいる。その左手には、目指す薬師が頭を霧に隠して大きく座っている。ここから折立のキャンプ場までは、ダム工事に付帯してか立派に舗装された道路であった。ただし、湖畔をめぐる観光道路ということなのか有料となっている。キャンプ場は炊事場の設備はあるが、草もまばらな荒れたグランド風である。腹ごしらえして歩き始めたのは十二時半近くであった。

二時間程針葉樹林帯の急坂を登ると、三角点と呼ばれる小さな平坦地に出る。そこからは薬師から太郎兵衛平に続く豊かな稜線が見える。相変わらず薬師は霧の中である。しかし、急坂の樹林帯を登っているときと違って、開けた目標を目で確かめながら登るのは心にゆとりを与えてくれる。ひと休みして再び登り始める。

ここから先に急登はない。緩やかな広い道が草原を貫いて徐々に高みに迫り上がっていく。初秋の風が吹き抜ける高原には、夏の名残のニッコウキスゲが揺れ、綿毛のチングルマが髪を捩られたクリボールのように靡いている。太郎小屋が草原の丘の向こうに大きい。テント場は小屋の広場を左折して薬師方向へ二十分の鞍部で、沢水が豊富に流れ、給水設備がある。既に八張り程のテントが色とりどりに設営されていた。標高二三〇〇メートル、到着は午後五時十分。汗に濡れたシャツを着替え、セーターを着込んでも寒い程である。田中は自分の個人用テントを張り、我々は渡瀬のテントに入る。手際良く、しかし満足した夕食を済ませ、七時半ごろには寝袋に潜る。一年ぶりの二十キロの荷重と、早朝からの活動にわずかな疲れを感じ、眠りに落ち込むのは早い。

翌朝、四時前に起床。月の光が皓々として真昼のように明るい。軽い朝食の後、五時過ぎに出発する。朝の光線は斜めに差し込み、レンブラントの絵のように明暗をくっきりと区切る。早くも黒部五郎の頂は淡いコバルトの空に光り、他方、今行く沢沿いの山道はまだ足元がほの暗い。

ひと登りすると広い平坦な湿地帯に出た。小さな池塘の周りにハクサンイチゲ、コバイケイソウが乱れ咲いている。黒部五郎、三俣蓮華と祖父岳の間に、遥か遠く槍の穂先が尖っている。見渡せば一点の雲もない。沢筋の両側の草地はハクサンイチゲの大群落で、今、満開のときを迎えている。この夏は残雪が多かったのであろうか、季節がゆっくりめぐっているように思われる。

ようやく行く手に薬師岳のどっしりとした山容が現れ始めた。なだらかな登りが続く。薬師山頂に続く南側稜線のコンクリート造りの小さな避難小屋が、セルリアンブルーの空を背景に突っ立っている。そこまで登ると東側斜面のカールが深く大きい。その底に黒部の源流が白い腹をくねらせて蛇行している。まだ雪渓が谷の至る所を埋めて残っている。この夏、この雪渓は解けることなくこの山襞を白に染め続けて、再び冬を迎えることであろう。

尾根筋にはハイマツが点々としてわずかに緑を与えているだけで、辺りは一面に砕かれた岩の堆積である。山頂に立派な祠がある。展望を遮る何物もない。南東遥か雲の平の果てに、槍、穂高連峰がいかにも北アの殿堂にふさわしい山容を誇っている。北ノ俣から黒部五郎の稜線も長い。

振り向けば五色ヶ原の北に立山の峰々がうねり、その最奥に峨々たる岩稜の劔岳が厳然と聳えている。右に遠く、白馬三山から鹿島槍に続く後立山の山々は優しげである。西にたなびく雲海の向こうに抜きん出て、登頂欲をそそられる魅惑的な山容が白山の山塊である。直感的に来夏はこの山を目指したいと思った。日本海の海原は空の果てと渾然一体となり水平線も定かでない。充分に展望を楽しんだ後引き返す。

既に日は高く昇り、テント場には我々のテントだけがポツンと残っていた。ゆっくり昼食を取り、テントを撤収して、往路を戻る。太郎平の広い草原に早くも霧が這い始めた。その中を吹き抜けるそよ風に、チングルマの淡いサンゴ色の綿毛とワタスゲの白い花が浮かびつつ、消えつつ揺れ動いて、幻想的な雰囲気を漂わせている。ふと遠く過ぎ去った日への郷愁に誘い込まれていた。さっきまであれ程誇らかにその素肌を曝していた薬師は、既に全身に霧のベールを纏い、その日、再び会いまみえることを許さなかった。

白山（二七〇二メートル）

平成元年夏の快晴の朝、薬師岳山頂に立って西南の雲海に浮かぶ来年の目標を決めて以来、早くも一年の月日が流れ去った。四方を海に囲まれた南海の八丈島での生活にあって、本州の山に登る機会は容易に得難い。まして隣接庁に仕事の填補（てんぽ）を依頼しての、限られた休暇である。

この夏の予定は白山、荒島岳、伊吹山の三山であった。夏期休暇は島の盆時の人出が去った八月下旬を当てる。秋葉は担当職務の上で八月の連休が取り難く、高橋はその時期東京での研修参加のため同行できず、田中もコスモス短歌会新人賞受賞の大会を控えて差しつかえるとのことで、例年よりも少ないメンバーでの山行を予定していた。

渡瀬とその仲間のふたり、そして昨年不参加の村松が同行することになっていたが、直前になって渡瀬が職場の先輩の病死のごたごたで断念した。そのため、結局村松とふたりだけの山行となった。彼との山行は十五年前、身延山久遠寺奥の院敬慎院に泊まって七面山、八紘嶺、山伏小屋、井川峠、富士見峠と抜けた、あの南ア前衛の夏の日以来のことである。貧乏登山のあの山行の日々は、その際何回となくエネルギー補給したスキムミルクの味とともに、遥か遠くに過ぎ去った。しかし、今なおそれぞれの思いを込めて、懐かしく記憶の底につづられている。

八月十八日、島からいったん静岡に帰る。翌日、食糧計画を立て、近くのマーケットでいっさいを買い込む。このところ例年田中にこの分担を依頼していたが、久し振りにやるとふたりだけの計画でもなかなか骨が折れる。芝居は裏方表方の仕事があって初めて成りたつことを、今更ながらに思い知らされる。夕方になって千葉から村松が着いた。

八月二十日、午前二時半起床、二時五十分出発。昨年と全く同じ道を走る。清水から国道152号線を北上し、須玉ＩＣで中央道へ。松本ＩＣから国道158号線で上高地方面に向かう。六時過ぎに、島々バスターミナルで休憩して朝食。安房峠、平湯峠、高山、松ノ木峠を越えると荘川村である。

牧戸から国道156号線を北上する。御母衣ダム工事で湖底に沈んだ白川郷の合掌造りの民家のうち幾つかは、合掌村として白川村荻町に移築し保存されている。しかしそれにしても、飛騨の奥深い山間にひっそりと暮らした八百年の歴史は、再び世に出ることを諦めて底へ底へと沈澱し、ついには水底深く眠りについたのであった。

とき折り観光ドライブの車がエンジン音を残して走り抜けていく程度の、閑散とした往還である。平瀬の茶店前を右折して白山林道に入る。白水小屋にほぼ予定どおり十時二十分。ここは標高約一〇〇〇メートルである。

当初の計画では、一日目に大倉尾根を一気に登り切って南竜ヶ馬場で幕営し、翌日山頂を廻って白水湖に下るつもりであった。しかし年一回の山行であり、また村松にとっては二年ぶりのことである。水さえ確保すれば大倉山避難小屋が使用できるし、好天に恵まれれば大倉尾根の登りで充分に北アの山並を楽しめる。ということで、水五リットル余りを持ち上げ、装備を整えて歩き始めたのは、十二時十五分過ぎであった。

ブナ林の急登をゆっくりと抜けていく。右上遥かに大汝峰から北に延びる尾根続きの間名古の頭が形よい。やがてダケカンバの灌木帯に入ると、夏の日差しが薄い葉陰を通してじりじりと照

りつける。とき折り遥か下の谷から音もなく吹き上げる風が心地よく、汗の滴り落ちる頬を掠めていく。

登ること三時間余り、間名古の頭がほとんど目の高さになったころ大倉山に着く。小屋はちょっと下ったダケカンバの大木の林の中に埋もれていた。堅固な木造で十五人くらいは泊まれるであろう。この間、下山する数人に出会ったほか、登ってくる者も見当たらない。我々ふたりだけで広々と使わせてもらうことにした。

村松の新しいコッフェルで、コシヒカリ米は艶々にふっくらと炊き上がった。我ながらに満ち足りた夕食を済ませ、シーバスリーガルの香りを楽しみながら日没直後の小屋周辺から御前峰、剣ヶ峰の山頂を見上げる。白山神社奥宮の屋根が、遥か彼方に夕日を受けてキラリと光る。南に見える別山は決して高からず、傲らず、分を知って控え目である。それにもかかわらず白山山脈の延々と続く山並の中に、ひときわ抜き出て形よくしかも見事な程の安定感がある。上空高く、淡く茜色に染まった刷毛で掃いたような巻層雲が、次第に光を失って薄暮の中に埋没していく。辺りはしんとして静まり返っている。朝食の準備をして午後七時半寝袋に入る。

今夜は新月だが、窓の外は星明かりでほのかに明るい。どれ程寝入ったであろうか、遠く夢の中で、何かが窓の外を這い上がっては落ち、這い上がっては落ちるような物音がしていた。突然、村松が圧し殺した声で小さく叫ぶ。

「清さん、蜘蛛がいる」

私は慌てて起き上がった。

「どこに」

「小屋の中、窓に張り付いている。巨大な蜘蛛だよ」

「そんなことはないよ、何かの影が写って大きく見えたんだよ」

「いや、あれはスパイダーだ」

「寝呆けているんじゃないか」

確かに、何か小動物が窓の外を這い廻っていたのかもしれない。しかし私には巨大な蜘蛛のように無気味な存在には感じられなかった。それぞれの知覚は、多分にそのときどきのその人の心理状況に影響されるものである。

夜半、小用に起きて外に出る。凄い星空である。真上に金粉を振り撒いたような天の河が脈々と流れている。どこから来てどこに流れていくのか。そこには果ても限りもない。

午前四時前に起床。バターロール、野菜、ポタージュ、紅茶にリンゴの朝食の後、四時半ごろ出発。ヘッドランプも要らない程、辺りは既にほの明るい。

しばらく行った鞍部から大倉尾根の登りが続く。灌木帯を抜けるころ、背後に北から南へ延びる日本アルプスのシルエットが黒々と連なっていた。槍、穂高の空にかかる雲が、光を帯びて輝き始めると見るや否や、みるみる足元の草花が緑、緋、黄の鮮やかな色彩に蘇っていく。

今、槍の穂先から光の束が四方に拡散していく。午前五時二十分、この大自然の舞台を彩る、いっさいの人工の加わらない光と時の織り成す荘厳のドラマは、あっけない程にその幕切れが早い。

それにしても北ア北部の白馬三山、剱岳から槍、穂高の中枢部を経て乗鞍、八ヶ岳、北岳、荒川、赤石、そして南ア南部の聖、光岳に至るまで、見渡す限り一望である。木曽御岳が近くに大きい。これ程多くの山を見渡せる山は白山をおいてほかにはないだろう。白山は日本アルプスの西にあって、二五〇〇メートルを超える唯一の山である。そして北ア、中ア、南アいずれの山からもその美しく魅惑的な白い峰を遠く望むことができるように、またこの山はこれら多くの山々を見る山としても唯一なのである。白山は見られる山であると同時に見る山でもある。

大倉尾根を登り切ったお花畑付近で、三人の女子学生に出会った。南竜ヶ馬場への分岐からは雪渓を直登して、一気に御前峰山頂に立つ。午前七時であった。

上空は紺碧に透き通り、所々に浮かぶ雲には、既にあの夏の力強さはない。吹き抜ける風はひんやりと冷たく、急いでヤッケを着込む。それにしても静かな山頂である。我々のほかに誰ひとりいない。室堂センターの大きな屋根が真下に見える。そこにもほとんど人影は見えない。夏山の、しかも好天の山頂で誰にも会わなかった経験は、かつてなかったと思う。

幾つかある火口湖をめぐり室堂に下って、白山神社社務所で厄除けの小さな鐘を求める。男子高校生三人が、付近のごみを拾い集めていた。辺りには塵ひとつない。白山がその名の通り、これ程静かで清潔な山であることは、意外に知られていないのではなかろうか。

再び大倉小屋に戻り、腹ごしらえして白水小屋に一気に下る。谷筋から吹き上げる風が葉陰濃いブナの梢を揺るがせていく。

白水湖を見渡しながら、露天温泉に浸かって汗を拭う。湖面を這う涼風に揺らぐ幾重もの細波が真昼の光を照り返して煌めく中で、うちなるときは安らかに静止していた。一年ぶりの山行の終幕を祝うカーテンコールの響きが聴こえてくるかのようであった。

北の山へ――網走

今まで三年から四年のインターバルで転勤していたので、八丈島での二年間は非常に短く感じられた。希望者の少ない僻地勤務を経ると、次の転勤の際に任地希望が叶えられやすいのは、世の習いである。再び北海道勤務を希望し、それが叶えられたのは、平成三年春のことであった。

既に人生の峠を越えてしまった今、再度の網走任地希望が叶えられたことは幸いであった。倉本聰の『北の国から』の舞台となった富良野とは対照的に、網走は高倉健の映画『番外地』シリーズで暗いイメージを残している。しかし、一度住んだことのある人たちの間では、知る人ぞ知る北海道。オホーツクの海、サロマ湖網走湖など大小の湖、知床の山々や温泉。それに加えてカニ、ホタテなどの新鮮な魚介類とメロン、ジャガイモ、トウモロコシなどの豊富な農産物に恵まれた、明るい土地なのである。

八丈島からの帰任地は東京が一般的であるところから、わざわざ僻地から僻地を選んだ私は、通常の人事感覚では常軌を逸していたように思われたかもしれない。しかし、ますます老いていく母のその先の扶養を考えると、この選択が誤っていたとは思えない。加えて私にとっては北海道はまさに「新世界」なのである。

平成三年四月一日午前七時前、朝の光に満ち溢れた釧路港。係留された貨物船の間を縫って、クルージングフェリー・ブルーゼファー号は機関の音を落としながら静かに滑り込んでいく。ほぼ定刻の接岸である。妻ともどもの東京港から三十三時間の船旅は終わった。そして北の大地の生活が、今始まろうとしている。

最悪の気象条件を想定して氷雪に耐える準備をしてきたが、幸い春の兆しがそここに漂い、今日のうちの天候急変は窺えない。釧路本庁に登庁し、上野茂所長を始め裁判官、職員の方々に着任の挨拶を済ませた後、国道391号線を網走に向かってひた走る。

釧路湿原はまだ茫々の枯れ野の原である。その中を流れの行方も定かといえぬ程、緩やかに豊かな水が蛇行していく。塘路湖では、その春まだ浅い固く閉ざされた氷上に群れ遊ぶ数百の白鳥が、更に北への旅立ちに備えて羽ばたいている。その翼に、日差しが明るく跳ね返った。広大な丘陵を越え、残雪のシラカバ林を抜け、野上峠をまたぐ。豊かに広がる耕作地のその果てに、オホーツクの海が鮮やかな藍を湛えて穏やかに横たわり、その先はどこまでも続いて空と結び付いている。

太平洋上の孤島八丈島から延々二千キロ、北の果て網走での生活がこの日から始まった。北海道の山々への思いを抱いて数年、今、ようやくその緒に就いたのである。

着任直後、網走市体育館の職員から体育協会の情報を得て、一週間後にはテニス、卓球のクラブ活動に参加した。もちろんこの時期はまだインドアである。見知らぬ土地での生活適応には、ストレスを排除し心身のバランスを計ることが肝要である。釧路地家裁網走支部と簡裁は、裁判官二名を含めて総勢約二十名。職員の大半は北海道各地からの転勤で宿舎住まいである。従って五年も経てば異動してしまう。縁あって人生の一時期を過ごした土地に、愛着を抱かぬ者はいないであろう。年を経て又訪れるとき、その土地で時を共有した人と人との交わりに、再び触れてみたいと思うのが自然の情である。

その意味で、その地その地の人々との共通体験を持つことが、まず私自身の内面を豊かにしてくれるのである。その方法は人それぞれであろうが、私にはスポーツ特にテニス、卓球そして山登りがあった。

網走のスポーツ環境は抜群であった。特にテニスは網走テニス協会の仲間にすっぽりと入り込み、全北海道や道東の都市対抗大会にも参加するなどした。また冬期の卓球では家庭婦人のハッピークラブの人たちと、実に楽しく健康的な日々を過ごさせてもらった。ただひとつの心残りは、よきテニスパートナーであった田中篤網走営林署長が、後半体調を崩され、手術入院治療に専念されたがその効なく、永遠の別れとなってしまったことである。

ちなみに妻は染色、機織りなどを好み、八丈島では黄八丈織りを習得し、網走でもその方面のグループと接触していた。異郷の地でそれなりに適応していたようであった。

人と人との紛争、あるいは犯罪は、全国どこにおいても発生する。そしてそれは、それぞれの土地の生活習慣、風土を反映する。

十一月末から四月中旬まで里に雪が残るこの地では、除雪に絡む紛争が多い。春になって緩み出した屋根の雪は、夜の気温低下で再び凍りつく。それがその後、気温が再上昇した暖かい日に、一気に落下する。屋根が高いときは、意外に遠くまで弾け飛んで隣地に落ち、隣接建物や駐車中の車を破損させる。近隣の人間関係が円滑でないときには、これを原因として暴行傷害事件にまで発展してしまう。

人を許すということは容易なことではない。忍耐にも限度があるという意識を相互に抱いてしまうと、紛争は果てしなく拡大する。このようにして紛争は裁判所に持ち込まれる。当事者双方いずれも、心の隅にはこれ以上の紛争拡大は望むところでなく、平穏な市民生活への復帰を求めているものと信じたいのであるが……。

テニス仲間の前田さんの紹介で黎明登高会を知ったのは、その年の十一月ごろであった。会長は五十代の遠藤熊美さん。関東の大学山岳部で鍛えられ、サラリーマン生活を中断して家業の豆腐製造業を継いだ。月例会の際、酒の肴がわりに御馳走になった自家製豆腐は豆の選択にこだわったもので、実に美味であった。

黎明登高会に参加して、冬の斜里岳、羅臼岳を中心に、知床の山々を何回となく体験することができた。特に岩や氷瀑のエキスパートであるミツルちゃんこと林充さん、東京農大在学中の松尾君には世話になった。日本百名山にあげられた山以外では、林さんとの残雪の石狩岳、日高山系奥深くに君臨するペテガリに登った。その他単独で、ガスの中を天狗越えし、山頂で待つこと一時間みるみる晴れ上がっていったニペソツ。吹雪模様の初雪の中、旧道を登り、遠く遥かにそのピークを追い求めた芦別岳。雨竜高原から池塘と花々を抜けて暑寒別岳など、数多く足を延ばした。とりわけニペソツは変化に富んだ登り、天狗岳を越えた辺りからの山容、そして山頂からの大雪山系、日高、石狩、遠く知床までの眺望が素晴らしく、印象深い山であった。

このようにして二年間、北海道東部の季節感溢れる自然に触れることができ、加えてその後の日本百名山完登を可能にしたのは、転勤による恩恵にほかならない。転勤による経済的その他もろもろの負の要素を、それを超える人生における積極的な意味に転換できたのは幸運であった。

羅臼岳(一六六一メートル)

平成三年七月二十日、予定通り、長沼主任書記官と車二台で網走を出発した。七月に入ってから雨らしい雨があったわけではないが、日中薄日が差す程度で、気温も二十度を超える日は少なかった。斜里岳はおろか知床の山々は、ほとんど深い霧に包まれたままであった。そしてこの朝も、静かなオホーツク海の向こうの知床半島は相変わらずその姿を見せず、海霧の中に重く沈んでいる。

彼とは初めての山行であるが、なかなかのファイターで、既に羅臼、斜里岳の一般ルートを経験し、またオホーツクサイクリングなどでその体力は実証済みである。まだしばらくは一緒に山に行けるだろうと思っていたが、単身赴任二年の区切りで札幌に戻ることになり、その送別山行が羅臼、硫黄の縦走ということになった。

夏山はジョイフルにをモットーに、北の山の花々に囲まれて、ゆっくりとデリシャスなディナーを楽しもうと、野菜、果物、牛肉などをふんだんに買い込んだ。そのため、ザックは久し振りに重量感がある。知床自然センター先の林道ゲートは午前六時半に開かれる。林道をカムイワッカの滝へ向かう途中から朝の光が差し込み、先刻まで山を覆っていた霧がみるみる上がっていく。

滝の少し先の下山口に一台をリザーブして再び林道を戻り、岩尾別川沿いに木下小屋に向かう。北大出で知床の山々を愛し、それを踏破した先駆者である木下弥三吉氏ゆかりの小屋である。この年改築した小屋は、ログハウスで木の香も床しい。関東方面からの学生五人パーティーが今し方下山してきて休んでいる。羅臼平に幕営したが、雨混じりの霧で一日中何も見えなかったという。小屋に泊まっていた、これも東京から来たという女性がひとり登っていく。

　装備を整えて、我々もその後から歩き始める。午前八時前である。針葉樹林の尾根沿いを、ゆっくりしたペースで行く。間もなくオホーツクの展望台に出る。振り向いてもそれ程の展望は利かず、まだ辺りに霧が漂っている。

　やがて弥三吉の水場である。岩の隙間から噴き出すように溢れる水は清冽で、口に含むと甘露の如くにうまい。

　歩き続けるうちに、全身に汗が流れ始めた。このころから空模様は急速に回復し、何日か振りに見る夏の輝くような光が周囲の山々を照らし始めた。左

前方にサシルイ岳と思われる山腹が、雨に濡れたハイマツの緑を鮮やかに浮き上がらせている。極楽平と呼ばれる地点は、それと気付かずに過ぎた。

シラカバの灌木帯を抜けると、前方に雪渓の残る急斜面が行く手を阻むかのように立つ。ゆっくりとそこを登り切ると、ハイマツの原に入る。そこここの草原には、チングルマ、ハクサンイチゲ、キンポウゲなどの花々が乱れ咲き、所々にチシマギキョウの鮮やかなパープルブルーが目に映る。羅臼平はテントサイトとして絶好なのだが、残念ながら近くに水場がない。この年は南東斜面にかなり大きな雪渓がずっと下の方まで広がっていた。

昼食後、荷物をデポして山頂に向かう。岩間を滴り落ちる水が涼感を呼ぶ。既に火山活動を停止して久しいとはいえ、頭頂部は熔岩の夥（おびただ）しい累積が、天に向かってドーム状に突き出ている。

岩塊の山頂は狭い。今朝の霧は、今や全く拭い去られて、視界を遮るものはない。直下の太平洋側に、羅臼の港町が小さく固まっている。海を隔てた国後島は大きく長い。その北の端に近く、チャチャヌプリが真っ白な雲の帯を山頂付近に巻き付けている。三ツ峰岳の双耳の間にサシルイ、オッカバケ、知円別岳、硫黄山と続く知床半島の脊梁が、北に向かって長く延びている。

オホーツクの海も蒼く穏やかで、砕け散る波頭もない。今、この岩峰を吹き抜ける風は肌にひんやりと冷たい。南に知床峠を挟んで天頂山、その向こうに羅臼湖が意外に大きく、真昼の陽光を跳ね返している。その辺りは湿地帯で、夏でもほとんど人が入らないという。更に南に遠音別岳（オンネベツダケ）、海別岳（ウナベツダケ）が続き、斜里岳の山頂付近の岩峰群が、秀でた端正な山容を遥かの空に突き上げている。

山頂には我々のほかに、若い単独行者、中年の夫婦、それに子供たちを羅臼平に残してきたアメリカ人夫婦の七人であった。この山頂は、一年を通して羅臼側からの海霧に包まれ、展望の利く日が極めて少ないというが、たった一回でそれを当てた我々は全く幸運であった。心ゆくまで山頂の空気に浸った後、再び羅臼平に下り、縦走路を目の前の三ツ峰に向かう。

三ツ峰というが、西側の二峰が南北に並んでいるので、東と西の双耳峰に見える。その鞍部を北側に越えるとかなり大きな雪渓が残り、その向こうにサシルイ岳が大きく横たわる。

明日の行程から考えると、二ツ池辺りまで今日のうちに行っておいた方がよいのだが、二ツ池の水場に不安があったので、ここの雪渓の下を流れる水に頼ることにした。チングルマが一面の草地にテントを設営して、ゆっくりと食事の支度に掛かる。今夜は最高のビーフの味噌漬けがメインの、かなり豪華なディナーである。雪渓で冷やしたビールが渇いた喉に染み込んでいく。

真紅の夕日がオホーツクの海原の果てにゆっくりと落ち込み、ひと筋の光が海面に、その余韻を楽しむかのようにしばらく揺らめいている。キタキツネが匂いに誘われたのか、テントの近くで我々の様子を窺っている。雪解け水の流れの向こうに、今朝方の単独行の女性が幕営している。静かに夜の帳が辺りを包んでいく。

そのときである。三ツ峰の鞍部を越えて五人くらいのパーティーが下ってきた。この静寂の空気が壊されるのではあるまいか？　果たして彼らはここの水場で設営を開始した。既に午後七時を廻っている。その後夜半近くまでの、彼らの酔う程の喧騒にはすっかり辟易してしまった。何も巷の愚痴話を山にまで持ち込むことはあるまいに。

翌朝三時半起床。北海道の夏の夜明けは早い。太平洋側は一面の雲海に覆われている。横浜のふたりパーティーが三ツ峰から下ってきた。羅臼平に幕営して硫黄に向かうという。昨夜の騒ぎのテントはまだ静まり返っている。

サシルイへの登りをゆっくりと歩き始める。登る程に、背後の三ツ峰の双耳峰の鞍部の真ん中に羅臼岳の山頂部が現れ、次第にその全容が迫りだしてくる。サシルイの山頂付近のハイマツは、常に強風に曝されて抑えつけられているのか、本州の南ア三千メートルのハイマツよりもずっと背丈が低い。

稜線に出ると、今までそよともしなかった空気が急にざわついて、太平洋側からオホーツク海へ抜ける風が強い。雲海上にチャチャヌプリが頭を出している。サシルイからの下りもまだ分厚い雪渓が残っている。

やがて湿地帯に出る。イワヒバリが囀り、チングルマの草地が長閑に広がっている。オッカバケを越えると二ツ池の水辺に出る。思ったより広い水面に夏雲が影を落としている。ただ水は澱んでいてそのままでは飲料に使えそうにない。池の向こうに南岳が緩やかに裾を引いて横たわっている。

ハイマツ帯の尾根伝いに行く。火口の底を突っ切るグランドコースもあるが、そのまま尾根伝いを続けることにする。南岳から知円別岳の間は窪地状の草原が続き、キンポウゲ、ハクサンチドリ、チングルマのお花畑で、ときどきウルップソウが青紫の頭を出している。ここは南ア深奥部、上河内岳直下の亀甲状土のお花畑か、光（てかり）岳近く静高平の草原に似た雰囲気である。我々のほかに人影はない。

知円別岳山頂付近は東側に向かって広場になっている。ここから硫黄山へは今までと様相が一変する。尾根はナイフリッジ状に痩せ、一面に赤茶けてハイマツもない。硫黄を含んだ岩質は崩れやすく荒々しい地肌を曝し、今活きている火山を直に感じさせる。幾つかの鋭い岩峰を越えた最奥に、ピークが天に向かって突き上がっている。いったんぐっと下ってから、右手北側を廻り込みながら岩塊の間を攀じ登って山頂に着く。

眼下のオホーツクの海が深く群青色に沈んでいる。遠く南へ今朝方から越えてきた知床の山々が連なり、その先に特徴ある羅臼岳のピークが小さく覗いている。山頂を吹き抜ける風は、汗に濡れた肌を心地好く撫でて過ぎる。北の方知床岳の先を、太平洋側を埋め尽くした雲が、オホーツク海に向かって尾根を這うように流れていく。その雲もオホーツクの海上に出ると、幾つかに千切れてやがて消え去ってしまう。知床の山並と、オホーツクの海と雲とが織りなす自然のドラマに見惚れて、小一時間も休んでしまった。

その後、慎重に岩峰を下って硫黄川上部の雪渓沿いに行く。狭い沢筋にはまだ豊かに残雪が詰まっている。一時間以上下って雪渓が切れるころ、左岸の尾根に上がってカンバの林の中をぐんぐん下る。

やがて硫黄の強い臭いが立ち込めて、岩礫の原に出る。新噴火口付近で、所々から水蒸気が上り、地熱が足裏に感じられる。カムイワッカの滝の上流の滝壺は、幾つもの自然の露天風呂になっている。我々もその湯の滝で汗を流す予定であったが、何と、上から覗いた谷の中は水着姿の若い男女で溢れ、まるでホテルのプールサイドの光景である。これは、到底我々の入り込む雰囲気ではない。

一気に下山口に下りて、林道を車の所まで戻る。そこにはもはや昨日の朝の静けさはなく、夥しい数の車が林道沿いを埋め尽くしている。つい今し方までの、山上での伸びやかな気分と、このざわついたけばけばしい光景との落差は大きい。それだけにいっそう、昨日からの山の生活の充実感がひしひしと胸に迫ってくる。

帰途、木下小屋手前の地の涯ホテルの露天温泉で、汗を流し疲れを癒す。この谷間は今、夏の真っ盛り、緑の葉陰が空を覆っていた。

斜里岳（一五四五メートル）

網走に住んでいれば、無雪期一般ルートの斜里岳に、いつでも日帰りで登ることができる。

濤沸湖（とうふつこ）に白鳥が訪れる十一月初めころ、斜里岳は山頂付近に白い帽子を被り、それは日毎に山麓のカラマツの林に迫る。そして年の暮れが近付くころには、全山が真っ白に覆われてしまう。年が明け、冬の間オホーツクの海を一面に埋め尽くした流氷が去り、海明けの日が過ぎても、まだ全山真っ白である。五月になって麓の牧草畑が青さを増し、再びシラカバやカラマツの枝先が萌え始めると、ようやくおもむろに身に纏った白の衣を脱ぎ捨てる。

やがて六月中旬には沢筋の雪渓を残すのみとなり、短い夏の間七月から九月にはその白い斑点も消え、しばし夏姿を広々とうねる馬鈴薯畑の上に見せる。知床半島基部の海別岳から音根別、知西別、羅臼岳へと続く連山の右側に、幾つかのピークを重ね左右に長く裾を引いて独立峰を形成するこの山は、道東の山々の中ではひときわ優美な山容を有している。又冬、摩周湖の向こう夕映えの斜里岳は、深く沈んだ藍色の湖面と対照的に、明るく華やかでさえある。いずれにせよこの山は、オホーツク沿岸では山容の美しさと山懐の奥深さにおいて、抜群に魅力的な山である。

この、人を惹き付けてやまない山に、私は雪の時期に登りたいと密かに考えていた。山に関する力量からいって、単独では困難である。地元の山岳会に入り、仲間と山行をともにするほかない。しかし、転勤当初網走市の体育協会に尋ねると、網走山岳会はこのところ活動が停滞しているとのことで、やむなく単独で無雪期の山々を歩いた。

斜里岳には九月十六日、家人を同行して清岳荘から登った。下二俣までは一ノ沢沿いに飛び石で、そこからは大小の滝の連続である。小滝をへつりながら這い上がり、大滝は巻いて、やがて最後の水場の上二俣で沢筋が終わる。そこからは南斜里岳との鞍部の馬の背の稜線に向かってカンバの灌木林を抜ける。かなりの急登である。

稜線に出ると猛烈な風が南から吹きつける。ここからは、稜線上のハイマツの間を山頂に向かってワンピッチである。山頂下の岩陰で風を避けてゆっくりと食事を取っているうちに、朝からの霧がみるみる晴れてきた。眼下にオホーツク海が広がり、海別岳から続く知床半島の脊梁が、更に目をめぐらせば太平洋上指呼の間に国後島が。振り返れば、摩周湖が真昼の日差しに光り、屈斜路湖が広々とした湖面を曝している。

帰途は竜神の池に寄って、熊見峠の尾根を歩く。先刻の山頂部からの北壁が、青空に迫力充分にジャンプ台を描いている。真っ赤に熟れたコケモモの実がたわわである。下二俣への最後の急坂を下れば往路に出る。清岳荘には、夏場は管理人が入っているが、冬期は無人となる。無雪期の一般ルートもこのように変化に富み、なかなかに捨て難い。

平成四年四月四日午後、既に何回か山行をともにした黎明登高会の林、松尾の両君と清里の登山道入口から林道を二キロ程入った所に駐車。ここから先は除雪してないため、林道をシールを付けた山スキーで歩く。清岳荘まで六キロ近い。それでも彼岸を過ぎて日脚がめっきり延び、午後六時を過ぎても明るさが残っている。

三時間程で小屋に着いた。まだ入口にはうずたかく雪が残り、小屋の裏側は積もった雪と屋根からの落雪で埋まっている。中にはストーブが設置され、充分すぎる程の石炭が用意されている。石炭付きの山小屋は本州では経験がない。点火してしばらくすると煙突が真っ赤に焼ける程火力が強い。雪の入り込んだ土間の湿気も払われて、内部は気温を取り戻した。早速に飯炊きが始まる。林、松尾の段取りは鮮やかで手際がよい。一段落するとビールと酒が始まる。

多少吹き込んだ雪があってもテントと違って広くて暖かいので、寛いだ雰囲気に浸れる。

夜半にイタチかテンが、食料を狙って真っ暗闇の中を這い廻っていた。谷間を吹き抜ける風の音が夜通し騒がしかった。

翌朝四時半起床。雑炊を胃袋に流し込んで五時半出発。ふたりの後ろからゆっくりスキーを動かす。天気は回復の兆しがあり、風もようやく収まってきた。沢はまだ深い雪の下である。下二俣から沢筋を左に取り次第に高度を上げていく。直登沢の取り付きは、夏は七、八メートルの滝であるが、今はすっかり凍りついて雪に覆われている。ここにスキーをデポしてアイゼンに履き替える。雪面が緩んでいるので左岸を高巻きする。ここから山頂まではただひと筋、ひたすら狭い雪渓を登り詰める。

次第に急登になり、振り返る下の世界がぐんぐん広がっていく。まだ所々に雪を被った広大な畑の先に、流氷が去ったばかりのオホーツク海が青さを取り戻して遠く青空と交わっている。林にザイルで確保されながら、コンティニュアス（同時登攀）で頂上直下の急斜面を一気に登る。稜線は猛烈な風である。一瞬吹き飛ばされそうになり、ピッケルとアイゼンで踏ん張る。

山頂はケルンの先端を残してまだ雪に覆われている。今、雪の斜里岳の頂に立つ。年来の思いを遂げ、うちに喜びがふつふつとこみあげるのを感じる。

下りは馬の背の稜線を避けて、上二俣辺りを目指して斜面を滑り降りる。ときどき雪を踏み抜いてハイマツに足を突っ込む。無雪期にはこの辺はハイマツとカンバとハンノキの灌木帯だが、今はわずかにカンバの枝先が頭を出すのみ。闊達な谷間が広がり、昼下がりの陽光が雪を照り返して明るく眩しい。夏はこの辺りから滝の連続である。

この谷間をゆっくりと下る。我々のほかに人影はない。静寂である。遠く微かにスノーモービルのエンジン音が聞こえた。下二俣までは意外に遠い。スキーを取りにデポ地まで戻り、再びスキーを履いて小屋に下る。小休止の後、昨日の林道を滑り降りる。ときどき荷物に振られて転倒するが、それでも小一時間程で無事駐車地点まで戻った。

これで念願の雪の斜里岳に登頂ができた。この満ち満ちた充実感は、時の流れとともに、何物にも代え難く胸の奥底に沈澱していくであろう。この山行は岳友、林と松尾に負うところが大きい。

『今、戸外はすっかり雪で固められています。間もなく、今年もアムール河からオホーツクの遥かな波路を越えて、流氷がこの海辺に辿り着くことでしょう。網走の四季は、この雪が解け流氷が沖合に去って、海が青さを取り戻し、海明けとなり、あちこちの湿地にミズバショウが咲き、シラカバの木の芽が萌えて山々が淡い緑のベールを被ると春になります。やがて、原生花園にヒオウギアヤメ、エゾスカシユリなどの花々が咲き乱れ、馬鈴薯畑を白い花が埋め尽くし、刈り入れ間近の麦が丘陵を長くうねり続けるころ、短い夏を迎えます。そしてハマナスの実が真っ赤に熟れ、アッケシソウが能取湖畔をサンゴ色に染め抜くと、もう秋です。その秋は夏より短く、白鳥が濤沸湖に舞い降りて羽を休め、黄金色のカラマツの葉が、幾度かのみぞれにたたき落とされて裸木になると、再び長い冬の訪れです。このように北の季節は、それぞれに鮮やかな彩りを添えて巡り、自然の営みとそこに住むエゾリス、エゾシカ、キタキツネたちの姿が、めくるめく世界を物語ってくれます。この雪解けとともにこの地を離れる日が近付いている今、今年の四季を肌で感じることができないのは、少しばかり心残りでもあります』

これは平成五年、網走を去る年の、未だ漂泊の思いやまぬ年頭の挨拶である。

幌尻岳（二〇五二メートル）

幌尻岳は、日高山系でただひとつ二千メートルを超える山である。そして日高の山と谷の奥深さと人跡の少ないことは、知る人ぞ知るところである。私にとっても、そのアプローチの長さと沢の深さにおいて、北海道で恐らく最も入りにくい山のひとつであろうと、かなり以前から思っていた。まだ北海道に住んで半年にもならないのに、一度も入ったことがない日高の山に、単独で入るには多少の勇気がいる。

しかし、夏休みも残りわずかである。

八月二十八日午前三時半、まだ暗いうちに網走を出発した。既に通い慣れた国道を津別から陸別に出て、上士幌、瓜幕、十勝清水を経て日勝峠を越える。途中、十勝清水の町に入る手前の日高北部の山々を展望できる望岳公園から、写真で見た戸蔦別岳の鋭角的な山頂が望まれ、その南に目指す幌尻岳もその頭を覗かせていた。

十勝と日高を分ける日勝峠トンネルを潜ると、そこは山の中である。沙流川上流の渓谷沿いに曲がりくねった道が続き、意外に日高の町並は遠い。日高の中心がこれ程の山の中とは思わなかった。その後は川幅の広くなった沙流川沿いに下って、平取（びらとり）町に入ると間もなく振内（ふれない）に着く。営林署に寄って日高の山の情報を補充しようと思ったが、あいにく昼休みで署内は閑散として人影もない。林道に異常がないことを確認し、小屋の使用料五百円を支払っただけに終わった。

国道を少し戻って、いよいよ額平（ぬかびら）川沿いの林道に差し掛かる。一時間近く走ると道はかなり狭まり、額平渓谷が真下に流れている。この辺ではまだ流れは緩い。林道はますます細り、車一台がようやくで、片側は切り崩した山肌、他方は千尋の谷への断崖となり、相当に緊張させられる。車止めには三台駐車していた。

ここは日高の山の真っ只中である。夏の終わりの蝉の羽音のほかは、眼下を流れる微かな瀬音のみ。全くの静寂である。吹く風の葉擦れにも緊張感が漂う程、深い山の中にただひとりである。しかし、林道を歩いていくうちに、心身がこの大きく豊かな自然の中に吸収され、一体となって、次第に冷静さを取り戻し、凛々とした気慨が身体の隅々までに充満してくるのを感じる。ザックの背の熊除けの鈴が、辺りに甲高い音色で響き渡る。

取水ダムで持参のフェルト底の足袋に履き替え、沢沿いに踏跡を辿る。ときどき沢を離れるが、徒渉の連続である。夏も終わりとあって水量は少なく、深い所でも膝までである。勢いに任せてどんどん遡行していく。小屋近くなって濡れた足跡が半乾きで岩に残っているのを見つけ、直前の先行者を知る。

遡行二時間弱、シラカバ林の中に突然二階建ての立派な小屋が現れた。ときに午後五時三十分、車止めから歩行三時間半であった。小屋には炊事道具、薪、ストーブが備えられている。今夜の泊まりは中年の夫婦、若者、それに旧陸軍から自衛隊に入り、退官したという年配者。二階に三人、私は元自衛隊将校と階下に陣取る。早速、米を研いで飯を炊き、牛肉の味噌漬けと野菜をフライパンで炒める。缶ビールもうまい。

午後八時、寝袋に潜り込む。昼の疲れで眠りは早い。

翌朝四時起床。軽く食事を済ませ、ザックを整えて小屋の脇から急登にかかる。通称「生命の水」地点（一六〇〇メートル）で、既に全身に汗である。ここから先に水場はない。北針葉樹林からダケカンバ、そしてハイマツ帯に出るとようやく登りは緩やかになった。北カールの上縁を西側に大きく廻り込みながら山頂を目指す。快晴である。西の空に沈みかけた満月に近い月が、虚ろな白さで引っ掛かっている。その下に、後方羊蹄山のピークが小さく覗いている。右下の谷底には新冠（にいかっぷ）のダムが狭い尾根に挟まれ、そこからの登山路が頂上直下で交わっている。

山頂からの展望は広大である。全て山、山、山。西風が冷たく強く頬に突き刺さる。ヤッケを着込んで風を防いでから、周囲をビデオカメラに収める。幌尻岳と書かれた馬鹿でかい標識は、いかにも頑丈で相当の風雪にも耐えられそうである。

戸蔦別への緩い稜線をしばらく行って、七ツ沼のカールの底に下りる。草地には名残の夏の花々が力なく風に揺れている。幾つかの沼はほとんど水涸れて砂地となり、とき折り吹き抜ける風が砂塵を巻き上げている。真新しい熊の足跡がその砂地に残っていた。カールの底は熊の遊び場なのだ。

ここから見上げた左右に広がるカールバントは、なかなかの迫力で迫ってくる。戸蔦別岳の頭が整ったピークで聳えている。再び稜線に戻ってその山頂に登り着く。遠く東南に十勝平野が広がり、それは果てしなく続いてその先は野とも海とも定かでない。南西には日高の峰々がうねっている。

日高の山は大雪山系と山容が対照的で、重畳と連なる山並は南アルプス深奥部を思わせ、標高こそ二〇〇〇メートルに満たないが、数多くの尾根は深く刻まれてその谷底は暗く深い。山頂の東側に風を避けて食事を取りながら一時間以上も眺望を楽しむ。そこへ朝、取水ダムを発ってきたという福島からの屈強な若者が登ってきた。明日はニペソツへ行くという。時は充分に与えられているはずなのに、なぜか若者は先を急ぐ。

小屋は、北カールの底から一気に落下する瀑布から流れ出す額平川を下った所にあり、ここからはほぼ真下になる。北戸蔦別との分岐からは相当な急坂で、一気に六ノ沢に出る。途中、午後の明るい日差しを跳ね返して揺れるシラカバの淡い緑の葉越しに、北カールの上にどっしりと築かれた要塞のような幌尻岳が見えた。再び仰ぐ機会はないかも知れないことを思い万感を込めて別れを告げる。

再び徒渉が始まる。本流との出合いを過ぎて三十分程で小屋に着いた。かなり西に傾いた光の中に、シラカバが葉影を落とし、振り返るとその枝葉の間に、先刻までの戸蔦別の山頂付近が、紺碧の空にくっきりと浮き上がっている。予定の行程を終えて、しばらく小屋の前にある樹木の素材そのものの大きなベンチに憩う。今ここにたゆとうほのぼのと安堵した雰囲気の中に、身も心も沈み込ませる。瀬音のほかに何もない。

次の朝は六時に小屋を出る。戸蔦別の稜線はガスに覆われていた。往路の緊張感はなく肩にかかるザックの荷も軽い。無事に登頂を終えた充実感を楽しみながら、無心に沢を下る。水はそれ程冷たくない。何年か前の夏、上高地から涸沢への途中、横尾の下で徒渉した梓川の水の冷たさを思い起こした。取水ダムからは靴を履き替えて一気に車止めまで下る。東京からの夫婦が明日から斜里岳、羅臼岳に登るというので、襟裳岬経由で網走まで運んであげることにした。

故郷へ帰る――清水

平成五年三月末、七回目の転勤先として清水簡易裁判所が決まり、私は十八年ぶりに自宅へ戻ることができた。間もなく八十八歳の米寿となる母もさすがに老いたが、郷里に戻ったことで自宅通勤となり、生活全般に余裕が出てきた。長女も長男も結婚し、平凡ながら独立して生活を始めている。

まだこの先住居の移動を伴う転勤があるかも知れない。市民紛争の現場を担当している者には先の事情は分からず、又、そのようなことを詮索している暇はない。日々さまざまな事件が押し寄せてくる。手持ちの事件を処理することが、今の私に与えられた仕事である。

人生二十年区分説とやらに従えば、私は二十歳で学に志して二十一歳で大学に入学し、四十歳で簡易裁判所判事選考試験を準備して、四十一歳で裁判官の道に入った。六十歳で転勤生活に一応の区切りを付け、日本百名山の完登を果たした。今後は命ある限りが残りの区分に相当することになる。停年までしばらくは、この道を歩くことになろう。

清水簡易裁判所において、又新しい山のパートナーを得た。民事調停委員をされている庄司靖医師である。医大山岳部で培ったスキーの技術と山登りの足は、私より一歳半若い故もあって実に頼もしい。何回かの山行をともにし、平成七年五月初めには残雪の南ア赤石小屋で雪に見舞われて三日間の停滞の後、赤石尾根を詰めて小赤石を経て本峰に登った。次いで六、七月の富士山に登っての高度順応後、山岳ツアーに参加してヨーロッパアルプスを目指した。あいにくの落石、大雪の悪天候で目標のモンブランは逸したが、モンブラン・ド・タキュル、モン・モディー直下まで本場アルプスの氷河と雪を踏むことができた。

三十三歳で山歩きを復活したときには、ここまで歩き続けるとは到底思い及ばなかった。単なる趣味興味というのではなく、私のうちなる衝動が絶えず私を駆り立てていたのであろうか。そのうちなる欲求の源がいずこにあるのか私自身にも分からない。与えられた残余の時にわずかの期待をつないで、この人生三区分の一応の区切りをこの辺でつけておこうと思う。

六十年いろいろなことがあった。

「人間万事塞翁が馬」である。

私の漂泊の旅も終焉に近付いたころ、こんな感慨が平成七年元旦のことであった。

『四方を山で囲まれた陸奥遠野、信州

佐久、海ばかりの八丈島、截然とした四季を広々とした大地に映し出す道東網走と転々し、時を重ねるうちに、憧ればかりが沈澱し、精神の萎えゆくのを感じるこのごろです。それでもなお、残照の果ての高みに思いを懸けて、今年も又始まります』

焼岳（二四五五メートル）

郷里に帰って最初の山は、焼岳であった。

大正四年（一九一五）に焼岳が大爆発を起こして以来、ほぼ八十年の歳月が流れた。その間この山の崩壊はやむことを知らない。大正池に崩れ落ちる膨大な土砂が池を埋め続け、最近では立ち枯れたシラカバの数がめっきり減り、目に見えて池の広さが縮まっている。

私が大正池の畔りの、現在の大正池ホテルかと思われる小さな宿に泊り、激しく噴煙を吐いてその姿を湖面に映す焼岳を初めて見たのは、昭和二十八年五月初めのことであった。

それは仲間ふたりと島々宿から徳本峠越えで上高地に入った、私の初めての残雪期山行の折りのことである。人影もなく静まり返ったシラカバの林を抜け、五月の陽光に煌めく梓川の爽やかな瀬音に包まれて、川岸を逍遥した。そのときの光景は、四十年を隔てた今でも瞼の底に強烈に焼き付いている。

平成五年五月三日、久々に北アルプスへ出かけることにした。午前八時前、網走の黎明登高会の岳友神原さんとJR草薙駅で落ち合い、清水から国道52号線を北上する。中央高速道須玉ＩＣから松本を経て、久し振りの上高地へ向けて梓川沿いの曲がりくねった道を走る。

彼は北海道庁の職員であるが、通産省に出向してこの四月から家族とともに東京で生活することになった。内地の山ならどこでも行きたいとのことであったので、手始めに焼岳への同行を申し入れた結果の山行である。

沢渡で装備を点検の上、缶ビールを買い込んでタクシーに乗り換える。釜トンネル手前の例の長い信号待ちの間、沢を隔てた急斜面の木立の中にカモシカを見る。食べ物を求めて沢の近くまで下りてきたのであろう。

帝国ホテル前でタクシーを下り、梓川に架かる田代橋を渡って歩き始める。トウヒの林の中の残雪はまだ相当に深い。今日は高曇りの空から薄日が差し込んでいるが、昨日までの雨続きで、目指す焼岳は終始深い霧に覆われてまだその全貌を現さない。山裾を巻きながら雪解けの沢水を求めて幕営地を探す。熔岩流に深くえぐられた谷筋には、絶え間無く大小の岩石が崩れ、その音が反響している。

午後五時を廻ったころ、沢が雪の下に入り込む手前の樹林帯の窪地に、雪を固めてテントを設営する。私が準備したほかに、相棒も韮崎で食料を調達してきたので、食べ物には事欠かない。一時間余りの歩行で、ひと汗かいてほてった身体に冷えたビールがしみわたる。明日のことを思い煩うことなく、人っ子ひとりいない静かな山中で、今を楽しむ。このテント内のささやかな宴は、何物にも代え難い安堵感を与えてくれる。食べて、飲んで、寝る、ただそれだけのことに過ぎないのだが。相棒のゴアテックスのテント、エスパースはなかなかに居住性がいい。

翌朝四時起床。辺りを深く閉じ込めた霧は、まだじっとして動こうともしない。昨夜の残り飯を雑炊にして炊き込み、今日これからのアルバイトに備えて充分に体調を整える。五時三十分、アイゼンを履いて出発する。朝の冷え込みで締まった雪にアイゼンの爪が突き刺さり、心地よい響きを足の裏に伝えてくれる。しばらく前から動き始めた霧が、今やみるみる上がっていき、焼岳頭頂部のベールを剥ぎ取った。その背後の空が純白の雪に映えてどこまでも深く青い。振り返ると霞沢岳一帯の稜線上から、眩いばかりの光が差し込み始めている。

沢を詰めた所で急登になる。上堀沢の熔岩流の谷の縁沿いに、山頂から北に延びる稜線上の鞍部をひたすら目指す。行く手の正面左寄りに、累々と岩石を積み重ねただけの山頂部と、そこからぱっくりと裂けて一気に大正池に崩れ落ちる幾つかの巨大な谷筋が、この先のルートを目の前に展開してくれる。眼前には透き通ったコバルトブルーの空間を占有する焼岳の岩塊が突っ立ち、背後の雪面には我々の踏み跡が遥か後ろに延々と続いている。

穂高へ連なる北アルプスの主稜線上を、南へひたすら山頂を目指す。所々で雪が剥げて岩礫となり、アイゼンの爪に引っ掛かって歩きにくい。中尾峠の小屋の屋根が見え始める。西穂高からジャンダルムを経て穂高へ、そこから前穂高、明神岳へ迫り出す尾根、西側の蒲田川を隔てた向こうの笠ヶ岳、錫杖岳などいずれも久し振りに対面する懐かしい山々が、雪面に明るい陽光を照り返している。

下から見た感じでは、この北側斜面から西へ巻いて山頂に出るのがルートかと判断されたが、これでは山頂直下で岩壁に阻まれそうだった。東へ巻いて雪渓をトラバースし、南側から山頂直下を直登することにした。強烈な硫黄の臭いが鼻を突き始める。南北のピークを結ぶ火口湖の縁を一気に這い上がると、頂上である。そこに素晴らしい展望が広がっていた。

槍ヶ岳の独特のピーク、黒部五郎岳も遠くに光る。南に乗鞍、木曾御岳、東に徳本峠から続く霞沢岳、遠く浅間山、八ヶ岳連峰が魅惑的に視界いっぱいに飛び込んでくる。知床でこの冬何回も吹雪に妨げられた鬱憤を、一気に晴らしてくれる見事な快晴である。

風を避け、南面でコーヒーを沸かして飲む。相棒の作ってくれたコンデンスミルクと雪のシャーベットが、喉を心地よく流れていく。しばらくすると単独行者がふたり、それに続いて教師らしいリーダーに引率されて、ゴム長靴の地元の高校生の一群が登ってきた。あの急斜面にゴム長靴という軽装備。快晴だからよいものの少々無謀ではなかろうかと案じたりしたが、雪の斜面に慣れているのであろう、確かにみんなバランスがいい。次第に辺りが騒々しくなったので我々は早々に下山することにした。

主稜線を外れて再び熔岩流の谷筋の縁に差し掛かった所で、突然異様な物音が耳に入った。まさにそのとき、七、八十メートル先を行く相棒の左頭上百メートル辺りに張り出していた雪の巨大なブロックが砕けた。轟音とともに岩石を跳ね飛ばしながら斜面を滑り落ち、あっという間に谷底に吸い込まれていった。その痕跡は、幅二、三十メートルに渡って雪面が掻きむしられ、岩や砂礫が撒き散らされて、あたかも重戦車に踏みにじられたかのようであった。

相棒は異様な音に気付いてその雪の斜面に踏み込むのを避けたというが、間一髪で我々は命拾いをしたのかも知れない。しばらく様子を見た後、これ以上の落雪のないことを確認して斜面を渡り切った。正午を廻り気温が上って雪が緩み始めていたのである。

テントに戻り、雪に冷やした缶ビールで無事の登頂を祝って乾杯する。腹ごしらえの後テントを撤収して下る。目的を達成してみるみる緊張の糸が緩んでいく。河童橋までは梓川沿いを歩く。観光客が多い。五月の上高地に四十年前のあの静寂の日々は二度と戻らないであろう。振り向くと梓川の流れの向こうに先程までの焼岳が微かな噴煙を上げてどっかりと座っていた。

沢渡、松本方面へのバスには乗客が延々長蛇の列であった。それは自然そのものの知床の雪山に浸りきった相棒には、全く別世界の光景のように思われたことであろう。

大峰山（一九一五メートル）

平成五年の夏は例年になく気温の低い日が続き、梅雨は明けそうで一向に明けないまま、七月も下旬に入ってしまった。

五月ごろから夏期休暇の前半を、奈良、三重県境奥吉野の大台ヶ原、大峰山山行に当てるつもりであった。四年ぶりに渡瀬が参加し、秋葉、村松と四人パーティーの予定であったが、直前に村松が不参加となった。渡瀬、村松とともに十数年前から健康のバロメーターとして、可能な限りの継続を約束して続けてきた。それはいわば年中行事としての夏山であったから、村松の不参加は残念であったが、これもやむを得ないことである。本州の夏山は混雑して閉口するが、遠出の山となるとどうしても夏休みを当てるしかない。

気象庁の梅雨明け宣言が、当初の予定日を過ぎても発表されないままになっていた七月二十三日午後、東京から秋葉が我が家に着いた。早速、あらかじめ作っておいた食料計画のメニューに従って食料を買い込む。随分と嵩張るが、今回は山が低く一泊を反復することとなるので、あまり重量は気にならない。しかし、七月十日の夜半、突然右膝靭帯が腫れ上がり、一時は歩行さえままならぬ程の痛みに襲われた。近所の外科医の診断では二週間程の通院治療を要するとのことであった。その前日に、テニスをしていて足首をひねってしまったのが原因だろうと思われたが、その後十日余りを経ても歩行中の痛みは残っていた。そんなわけで、足に不安をかかえての山行のため、決して無理は許されない状態だった。

翌二十四日は午前三時半起床、四時を廻って出発した。

浜松ＩＣで渡瀬と五時に落ち合う約束であったが二十分の遅れ。ラジオの天気予報は台風四号の接近を告げ、既に雨が降り始めていた。しかも初日は、日本で一、二を争う雨量の多い三重県大台ヶ原である。伊勢自動車道勢和多気ＩＣで下り、国道166号線を高見山トンネルを越えるまで、雨は小止みなく降り続いていた。

トンネルを抜けて東吉野村に入ると雨の気配は薄れ、高曇りでときどき日が差している。国道169号線を吉野川沿いに南下する。切り立った谷底の両側の急斜面には、スギ、ヒノキの美林が山頂近くまで植林されている。人家はほとんどなく山はますます深い。その狭間を流れる吉野川の水量は豊かで澄み切っている。紀伊半島中枢部が、これ程豊かに植林された森で埋め尽くされた山域とは知らなかった。歌人前登志夫の愛する森を窺い知る思いであった。

吉野川は数多くの支流に分かれるが、大迫貯水池から入之波（しおのは）に入り、本沢川沿いに筏場に向かう。このころから再び雨が降り出した。車止めのゲートの先に本沢川を詰め、大台辻のテント場を経ると大台ヶ原に達する一般ルートの登山口がある。ガイドブックによれば平成四年十月現在登山道の一部が決壊しているとのことであったが、巻き道を見つけて通り抜けるつもりであった。しかし、登山道の入口には地元の警察署と道路事務所の通行禁止の大きな表示板が立ち並び、進入禁止のロープが張ってある。みんなで話しあった結果、この通告を額面通りに読むこととし、このルートからの入山を断念した。

行ける所まで行ってからの判断でもよかったかも知れないが、先刻までの予報によれば、今夕台風が紀伊半島に上陸するとのことである。加えて本沢川の水量は連日の雨続きの故であろうか、轟々と鳴動してこの渓谷に溢れ返っている。更に足の不調も考えれば、ロスタイムを重ねるリスクを背負うのは得策ではないと思ったからである。

しかし、時計はまだ十一時である。そこでまず観光道路で大台ヶ原を偵察することにした。伯母峰を越えて標高一四〇〇メートル辺りに出ると、南東からの強い風雨に曝され、山頂駐車場付近はもうすっかり台風の先端に捉えられていた。それでもそこには多くの観光バスが連なり、山小屋というより大型民宿風の宿泊施設は、二軒とも予約客で満員の盛況であった。

ここで我々は計画を変更して、大峰山（八剣山、八経ヶ岳）を当面の目標とすることにした。天ヶ瀬から行者還（ぎょうじゃがえり）林道に入り、ナメゴ谷を詰めて一ノ垰の避難小屋を目指す。

雨は次第に強く、台風が今夕この近くに上陸する気配がますます濃厚になってきた。ビバークも予定してテント装備で歩き始める。ガイドマップ（日地出版）、国土地理院の五万分の一地形図によれば、沢を詰めることになっている。しかし、道は林道を少し入った所で沢を丸木橋で渡り急登している。しばらく登ってかなり沢を離れた所で、山腹を沢筋方向へ行く尾根道と交差した。一時間余りで小屋のある行者還岳からの尾根に出るはずである。

やがて道は次第に荒れ、踏み跡もないどこまでも深いスギの植林帯である。谷を挟んだ向こうの高い所を林道が曲がりくねっている。既に午後四時に近い。三本栂の稜線伝いに小屋に出る方法もある。だが先程から右膝靭帯が痛みだした。今夜の雨量を考えると、この斜面はビバークには適さない。そこでひとまず林道に戻り、林道沿いに適当な露営地を探すことにする。

雨は小降りながらも降り続いている。しかし、この谷間にはまだ風はきていない。林道を車で登ってトンネルの向こう側に出る。ここに駐車場があり、沢伝いに少し行くとテントサイトがある。水場も近い。切り立った山に囲まれた地形で、風を遮るにも好都合である。早速テントを設営して中に入る。

朝からの緊張が緩み、テント内に安堵感が充満する。山菜の炊き込み飯に牛肉の味噌漬けをフライパンでバター焼きし、野菜を豊富に炒めて、せめて気分だけはリッチにビールなど飲みながら、久し振りの山の生活に浸る。台風四号は少し西に逸れて、夜半四国に上陸するという。

そのコースでは、風をここに呼び込むことになる。次第に風雨が激しさを増してきた。

夕食後地図を拡げて今日のコースの検討を始める。このときになって初めて、渡瀬が昭文社の平成五年版最新マップを所持していたことを知る。なんとこれによれば、先程撤退したナメゴ谷から一ノ垰への登山道は、廃道となって記されていないではないか。台風の下でこのルートを模索することはなかったのだ。渡瀬は我々が当然このマップを所持した上での行動と思っていたらしい。古いマップに安直に頼る危険を痛切に教えられた。

しかし、まだ日程には余裕がある。この台風が去れば快晴が期待できるかもしれない。それぞれにそんな思いで寝袋に入る。そのころになって、猛烈な雨が間欠的にテントの後部を叩き出した。夜半、荒海のうねりに木の葉ように弄ばれる小舟の夢を見た。いや、それは夢でも幻でもなく、まさに現実の我々のテントの状況であった。周囲の深い木立は強い風雨にうねりのように煽られて、あるときは轟々と響き渡り、又あるときはざわめき犇（ひし）めいた。あたかもそれは成す術もなく泡立つ海原の中、大波の絶頂から谷底へと身を任せている小舟の姿であった。まんじりともしない一夜の中で風は次第に東から北、そして西へとテントの薄い幕を呑み尽くすかのように嘗め廻っていった。この風が廻っていくままに、台風は次第に遠ざかっていくのだという思いが、頭の隅のどこかに揺れ動いていた。夜の帳が上がり、辺りが白み始めるころ、風の勢いも衰えて木立のざわめきがようやく収まってきた。だが雨は一向に止まない。昨日まで瀬音もなかった近くの沢は、一夜でその水量を増し、飛沫を飛ばして落下していく。

朝食を済ませてしばらく様子を見る。雨の中を五、六人のパーティーが登っていく足音が響いてくる。小一時間程で風はほとんど収まり、雨も小降りとなった。

弥山小屋を使うつもりで十時ごろに出発する。従来の山行では大抵トップを登っていたが、今回はラストを、しかもストックで膝を庇いながらの登りである。どうしてもふたりに付いていけない。

一時間程で主稜線を南北に抜ける奥駆道に出る。雨は止んだ。しかし、道は水をたっぷりと吸い込んで至る所で泥濘（ぬかるみ）になっている。聖宝の宿跡から弥山への登りとなる。ふたりに先行してもらい、ストック頼りにゆっくりと登っていく。

弥山の三、四十人は収容できる新しい小屋には、午後二時ごろ着いた。雨は止んだものの、雨雲が垂れ込めて視界は充分でない。所在なさにラーメンを作って身体を温める。夏とはいえ、この年は冷夏である。ここはわずか一八〇〇メートルの標高に過ぎないのだが、気温は十度を超えていない。

程なく我々のほかに静岡から来たという中年の夫婦連れが着いた。楽しみは食べることのみ。その準備にかかり長いことかけてそれを食する。そして七時には寝袋に入った。昨夜のような不安はない。この小屋は二、三年前に皇太子殿下の大峰山登山の宿泊所となった。それ故であろうか、小屋の二階の奥まった六帖程のスペースが一段床高になっていた。

夜になってまた屋根を叩く雨音がする。台風四号は日本海を北上していたのだが、相次いで五号が九州方面に接近しているらしい。この分では、明日の天気もあまり期待できそうもない。

午後八時を廻ったころ、大峰奥駆けを目指す一行五人が小屋に入ってきた。リーダーらしいひとりは六十歳代の大柄の男で、山伏風の白装束に身を固め笈（おい）を背負い、首に法螺貝を掛けている。手早く雨具を脱いで別棟へ食事にいったようであった。

明け方近くまで屋根を叩く雨の音がしていたが、それと気付かぬ間に静かになっていた。やがて窓越しに見上げる空の雲が、何となく切れていきそうな気配である。朝食前に八経ヶ岳に行ってくることにする。静岡の夫婦は、この近くに自生するオオヤマレンゲの花を見にきたという。例年ならシーズンの盛りを過ぎるころなのに、この夏は今が満開のときであった。伊豆天城山中のヒメシャラの花を一周り大きくしたような、静かな感じの白い花であった。微かな甘い香りがその花びらからこぼれている。大峰の妖精とも呼ばれているそうだ。

三十分程オオヤマレンゲの群落の中を行くと、そこが山頂である。そのころからみるみる空が明るくなり、霧が晴れて周囲の山々が姿を現した。程なく何日かぶりの青空が覗き、朝の柔らかな斜光が濡れた木々の葉に映えて、眩しく優しい若い緑を浮かび上がらせる。

東に大栂山から一ノ垰への稜線が近い。一昨日試みに取り付いた登りはあの稜線の向こう側であった。北東に遠く山並の尽きる所は松阪の街であろうか。南西側は紀伊半島の中核を成す山塊である。その西、高野山の辺りはまだ霧の中、見渡す視界は山、又山で人里は全く見当たらない。南も又延々と続く大峰山系の山々が、うねり連なってその先は熊野灘に落ち込んでいる。

我々の山頂到達に合わせたように光が差し込み始めたとは、何という幸運であろう。折りしも奥駆け一行の出発であろう、法螺貝の野太い響きが下の方からボウボウと山肌を這い上がってきた。

小屋に戻り、朝食を済ませて下山にかかる。小屋の前での我々の写真には明るい陽光が溢れていた。しかしものの三十分もしない間に再び雲が広がり、主稜線を外れてテント場への下りに差しかかるころには、又々雨が降り出していた。

当初の大峰山行の計画では、一ノ垰から前鬼までの主稜線を踏破してバスで天ヶ瀬橋まで戻るつもりであった。が、その後に発生した膝の故障に悪天候が重なり、大幅に計画を変更せざるを得なかったのは心残りだった。そんな中で、満開のオオヤマレンゲの群生と山頂での寸時の晴れ間は、まさに天の恵みであった。

大山（一七二九メートル）

平成五年十一月二十一日の朝、外は季節の変わり目の激しい雨であった。まだ明けやらぬ静岡の街を離れて、妻と東名高速道をひたすら西に向かう。妻は鳥取、松江の観光が目的である。九月末に四国路を走ったので、おおよそのタイムテーブルはインプットされている。途中雨は降ったり止んだりであった。

大阪を過ぎると中国道は交通量がめっきり減る。まだ開通して日も浅い米子道に入り、溝口ＩＣで下り、登山口の大山寺付近の状況を偵察する。静岡を出るときの雨は晩秋の趣であったが、この辺りではとうに紅葉のときは去っていた。裸木を打つあられ混じりの雨は、今にも雪になりそうな初冬の佇まいである。

標高八〇〇メートルに近い大山寺ではそれでも観光バスが列を連ねていたが、雨と霧に覆われて展望もきかず参道の人影は疎らであった。明日の山行が危ぶまれる気配に包まれながらも、予定通り米子皆生温泉のヴィラに着いた。海岸に近いここの温泉の湯量は豊富である。気温は下がり風雨も激しくなる。この分では大山は初雪であろう。

朝になって雨は上がり、南の空の雲が切れて光が洩れ始めた。予定の宝珠尾根、ユートピア小屋、天狗ヶ峰のルートを変更し、せめて弥山まででも登ってみようと大山寺に向かう。そのころには、朝の光が東から差し込んで、わずかながら青空が覗き始めている。大山寺のすぐ上辺りまで雪が下りている。土産物屋で大福餅を買って行動食を補給し、山中一泊の予定で出発する。

夏道には古い宿坊が二、三戸ばかり。そのほかはただ礎石のみが残って、この寺の栄枯盛衰を物語っている。登山道の入口近くに『暗夜行路』の時任謙作が滞在した蓮浄院があった。カメラを担いだふたり連れが追い越していく。

三合目辺りから昨夜の雪が見え始め、登るにつれて道を覆い尽くしていく。追い付いてきた軽装備の単独行者、長田氏としばらく一緒に登る。今は郷里を離れているが、高校時代まで幾度となくこの山で遊んだという。

上の方が騒々しい。行者谷から夏道へ出てきた、東京からの中高年男女の一団である。三、四十人はいる。軽装で、とても雪山に登る装備ではない。それでも集団の安心感からであろうか、なかなか元気な口振りである。これが百名山ツアーなのかと思った。今までの静寂はすっかり破られてしまった。六合目の避難小屋で集団が休んでいるうちに、この雑踏を抜け出した。長田氏はこの長い行列に巻き込まれてしまったらしい。

積雪は二十センチ程になっている。霧も深くなり視界は十メートルくらいしかない。再びひとりとなり、下からの雑音も消えて静寂を取り戻した。やがて低い灌木帯から草原状になり、木道伝いに行く。気温は氷点下である。ダイセンキャラボクの名残の赤い実が、雪の中に鮮やかである。頂上小屋の東側にコンクリート造りの標識がある。その南側は崩れ落ちる南壁であるが、今はガスが渦巻いて何も見えない。

午前十一時三十分。このままでは何か物足りないなと思いながらも、この悪天候では縦走は無理であろうと思案しつつ、左側に廻り込んで弥山の山頂に出る。先程の長田氏が今着いたばかりの恰好で、汗に濡れた下着を取り替えていた。聞けば、剣ヶ峰を経てユートピア小屋に廻るという。安全は保証しないがガイドはするとのことで、勇躍荷物を担いで縦走路に入る。

少し下ってから登りにかかった。そこから先は痩せた尾根が両側に崩れ落ちていたが、幸いなことに足元近くまでガスが這い上がっているので、それ程の高度感はない。ひたすらにナイフリッジの岩の頭を伝うのみである。二、三十センチに積もった湿った新雪がクッションになって、ツボ足を確保してくれる。

ラクダの背と呼ばれている難所を、長田氏が気合もろとも越えていく。わずかの岩の刻みに靴の先を引っ掛けて、両腕で北側から南側に攀じ登る。緊張の連続であったが、まずは剣ヶ峰に着く。予定ではラクダの背を避けて裏縦走で剣ヶ峰をピストンするつもりであった。天狗ヶ峰までの間にも一、二ヵ所痩せた岩場があったが、夢中で越える。

長田氏によれば三十年くらい前までは今程の北壁の崩壊はなく、この辺りの尾根から岩壁を滑り下ったこともあるという。しかし、強風時のここの縦走は相当に危険である。今日は幸い海からの風はそれ程でもない。天狗ヶ峰から左へ北壁伝いに行く。ここの分岐の標識はペンキが微かで、地形の概念がないと槍尾根に迷い込んでしまいそうである。象ヶ鼻の上で、下から登ってくる単独行者に出会う。

ユートピア小屋は小さいながら堅牢で、豪雪に充分耐えられそうな鉄骨造りである。時計は午後一時半を廻っており、風を避けてティータイムとする。湯を沸かしてコーヒーを入れ、行動食を補給する。安物だが香りだけはよく、小屋の冷え切った空気の中に溶けこんでいく。気温零下五度。

明日の天気が約束されるならば、この小屋に泊まり、志賀直哉が『暗夜行路』の終章で精緻に描写した明けゆく日本海に影を落とす大山が眺められるのだろう。しかし、今は朝のうちの明るい兆しはすっかり消え、裏日本独特の初冬の陰鬱な雲が重く垂れ込めて、視界も閉ざされたままである。そして、まだ日盛りの時間なのに、辺りは薄暗く今にも夕闇が迫ってきそうな雰囲気である。

午後二時に小屋を出る。そのとき、わずかにガスが切れて、象ヶ鼻から北壁にかけての荒々しい崩壊を垣間見た。西の方、宝珠尾根の向こうに米子平野が開け、一瞬美保湾、弓ヶ浜の緩やかな海岸線が、霧の向こうに広がっていた。

先程の単独行者のほかに、上からアイゼンを軋ませながら完全装備のふたり連れが下ってきた。我々は上宝珠の尾根に出て、雪の詰まった砂滑りを一気に元谷に下降することにした。無雪期の砂滑りを何回か経験している長田氏だが、谷の様相が一変し砂が大量に下流に押し流されて露岩が現れ、とても砂滑りとは呼べそうにない地形になっているという。以前は三百メートル以上砂が続いていたとのことだが、今は百メートルもなく、その幅も極めて狭い。幸い雪が深いので、元谷の基部まで一気に下降した。その辺りで雪が消え、後は渓谷の岩伝いに元谷小屋付近に出る。この秋の初めの大雨続きで上部の砂が押し流され、砂防ダムは埋没寸前の状態である。自然とのイタチごっこで、毎年膨大な工事費用がこの河川に注ぎ込まれていることであろう。振り返る北壁は相変わらずその姿を見せない。

この辺りまで下ると軽装の登山者が目立つ。弥山往復であろうが、長田氏によれば大山登山者の一割も剣ヶ峰には廻らないので、この山の本当の姿はほとんど伝わっていないと思うとのことであった。大神山神社は屋根の葺き替え工事で御神体を遷してあった。神主は古来二千年の歴史を重ね、出雲風土記に記された神社の縁起を延々と語っていた。しかし、観光客の多くはこの下の大山寺までで、この奥宮の見るからに格式の高い本社にまで登ってくる人は少ないように見受けられた。極彩色の大山寺はいかにも観光化していて、私にはこの社の深い森に囲まれた静かな雰囲気の方が、遥かに好ましく思われた。いずれにせよ、その昔に大山信仰が大隆盛した名残が、至る所に認められる。

今日、米子生まれで大山を故郷の山としている長田照夫氏と出会えたことは、この山行の幸運であった。

この日から一ヵ月余り経った年の暮れ、広島の岳人四人がこの北壁で滑落して雪の下に埋没した。その全員の遺体が発見されたのは、年が明けて何日かを経てからのことであった。

岩木山（一六二五メートル）

昭和五十一年三月末から五十四年四月初めまで、岩手県遠野市で過ごした。そこでの日々は時を超えて今でも、瞼を閉じれば鮮明に蘇ってくる。当時、職場に入って間もなかった照井事務官とはよく気が合って、早池峰を中心に岩手・秋田・青森の山にふたりの踏み跡を残してきた。その照井君から異動の挨拶状が届いた。平成六年四月、仙台簡裁から盛岡地裁宮古支部へ転勤したとのことである。

彼と昭和五十三年十一月初めに雪の八甲田山に登った。その翌日、岩木山スカイラインを使ってこの山の偵察に向かった。行ける所まで登るつもりで麓の岳集落に向かったが、あいにく二、三日前に道路が冬期閉鎖されていた。日数に余裕がなかったので、そのときは岩木山神社の大鳥居越しに、雪を被ったこの山の迫力充分な姿を目に留めただけに終わっている。

その日からこの春まで幾久しい歳月が流れていった。挨拶状を見て早速岩木山行を申し出たところ、彼も同じ思いを抱いていたのであろう、いつでも同行するとの快諾を得た。標高からいって山に雪が残っている六月初めごろまでがよい。五月連休は九州の山々で埋まり、五月末には既に南アルプスの笊ヶ岳が予定されていたので、梅雨入りぎりぎりの六月十一、十二日の週末を当てることにした。この二日間で、残雪の岩木山と八甲田山の遅い春の空気を存分に吸い込んできたいものと考え、十日の終業後、新幹線を乗り継いで盛岡まで移動することにした。九州山行以来、高橋も百名山完登を強く意識しているのであろう、上野を寝台車で発ち十一日早朝の盛岡着で参加したいという。

明けて十一日朝。宿近くの不来方（こずかた）の城の辺りは当時と変わらぬ静かな佇まいで、盛岡の町のいかにもあくせくしない床しさが漂っている。高橋から予定通り盛岡駅に着いたとの連絡があった。照井君との昨夜の電話連絡に手違いがあり、落ち合うまでに三十分余りのロスタイムを生じたが、八時過ぎには車は東北道盛岡ＩＣから北に向かっていた。

快晴の空に、久し振りの岩手山がまだ厚い残雪を纏ってくっきりと青のキャンバスを区切っている。陽光を跳ね返して浮かぶ雲は透き通る程に白い。やがて新緑鮮やかな奥奥羽の山々に分け入っていく。大鰐弘前ＩＣで下り、国道7号線をしばらく北上する。

津軽平野の西に立つ岩木山は、独立峰のためどこからでも目に入る。標高は一六〇〇メートル余りとそれ程でもないが、山頂の三峰のまとまりのよさと、緩やかに平野に裾を引いた姿は、津軽富士の名に恥じない優美さである。弘前城の壕端を抜け、岩木町に入ると一面のリンゴ畑が山裾に広がっている。白い清楚な花は既に盛りを過ぎてはいるが、北国の遅い春の名残である。

岩木山神社の鳥居越しの山は、あの日のままに大きく鎮まっている。見ると百沢の雪渓が山頂から七合目辺りまで延びている。神社の裏手の桜林小公園を登ると、シーズンオフのスキー場のガランとした駐車場に出る。前面の澄んだ空いっぱいに目指す山が迫り、手を延ばせば届きそうな程近くに見える。

三時間余りの行程であるが二時間もあれば登れそうに思われた。時計の針は十時を廻っている。林道を少し行って左に入ると登山口の標識がある。ここからは柔らかな若い緑に溢れたブナ、クヌギの樹林帯である。なだらかに裾野を登っていく。思えば照井君とは昭和五十六年秋の鳳凰三山以来で、実に十三年ぶりの同行である。

数多くの野鳥の囀りが、明るく楽しいハーモニーを奏で、この森の奥深い豊かさを感じさせる。ふと、ベートーベンの田園交響曲冒頭の旋律がよぎる。照井君はバードウオッチングを好み、野鳥に詳しい。駒鳥の鳴き声を教えてもらう。そう思って耳を傾けると、とき折り確かに馬のいななきに似た鳴き声が聞こえてくる。

登りがきつくなり、背丈の低い灌木帯に入るころ姥石に着く。まだ標高差で千メートル近くも残っている。ここから次第に急登になる。灌木に隠れてヒュッテの屋根はなかなか現れず、下であれ程近くに見えた山頂は一向に近付かない。

太陽の位置が高くなって気温が上昇した。灌木の若い小さな葉の間から差し込む陽光は強く照りつけ、全身に汗が滲み出る。疲労が溜まりきったころ、ようやく人の声が聞こえた。学生七、八人のパーティーがヒュッテで休んでいた。ヒュッテといってもブロック造りの小さな避難小屋である。百沢の雪渓の先端がここまで延びている。その雪の下を潜り抜けて急斜面を勢いよく流れ落ちていく水が、実に冷たくてうまい。既に十二時半である。照井君が持参してくれた握り飯と各自の行動食で昼食とする。昨日からの移動と一気に登ってきた疲れも加わって食欲が減退している。

ここから山頂直下まで雪渓が続く。昨夏傷めた右膝の靭帯を保護するため、このところ山行にはストックを欠かさず使用していたのだが、慌ただしさに紛れそれを忘れてしまった。雪で押し流された枯れ木をストック代わりに、キックステップで登っていく。前方左手の鳥海山と正面の厳鬼のコブの間に、鳳鳴ヒュッテの屋根が見える。雪渓の詰め付近のあちこちの岩陰に、鮮やかな濃いピンクの、ハクサンコザクラを大ぶりにしたような草花が目を惹く。名前はミチノクコザクラといい、この山だけに咲くという。もちろん初見の高山植物である。

稜線に出た後、山頂への尾根道を辿る。ここには雪は全くない。このところの晴天続きでカラカラに乾いている。スカイラインの終点の八合目駐車場からはロープウェイが通っていて、このカラカラ道をぞろぞろと観光客が歩いている。先刻までの誰もいない雪渓上との落差に戸惑いながらも、久し振りに聞く東北のお国訛りが懐かしい。舗装道路を歩くような足元では、このゴツゴツした岩礫の道は危なっかしく見える。

岩を積み上げた山頂に、午後二時半過ぎに登り着いた。岩木山神社奥宮の真っ赤な鳥居が目立つ。南、弘前の町並の遥か向こうに八甲田の山々が、それが残雪なのか雲なのか判然としない程に霞んで見える。眼下の裾野はぐるりとリンゴ畑である。そのリンゴ畑の先には、青々とした田園が広がっている。東、青森の街の向こうの陸奥湾に浮かぶ白い船が微かに見える。北から西は山が連なり、その先は海に落ち込み、穏やかな日本海が初夏の明るい日差しを跳ね返している。

津軽平野を抜けて吹き上げる風が心地よく頬を掠めていく。十数年振りの陸奥の山の空気を胸の奥底まで吸い込む。午後三時半を廻って、やがて日は西に傾き風も急に冷たさを含んできた。名残惜しいが帰途に着くことにして、再び雪渓を慎重に下る。きっかり二時間の下りであった。振り返って仰いだ岩木山は、落日の空に向かって頭頂部の三峰が輝き、半身を茜色に染めて泰然と鎮座していた。

この夜は近くの百沢温泉に泊まり、翌朝十六年ぶりに八甲田に登る。雪渓を詰めていくうちに夏道を外れて大岳への直登となり、上部のハイマツ帯の手前から猛烈な藪漕ぎとなってしまった。以前登ったときは山頂は雪に覆われて鏡沼の存在も分からないままであったが、この日山頂付近は春爛漫であった。

長閑な日差しを浴びてキンポウゲが群がり、とき折り岩肌を撫でて過ぎるそよ風に、その可憐な淡く黄色の花びらが揺れている。酸ヶ湯（すかゆ）への下山の途中には、人影も疎らな毛無岱の湿原に、繚乱のチングルマのじゅうたんが敷かれていた。そしてその向こうに、大岳がたおやかにその裾を引いて横たわっていた。

開聞岳（九二二メートル）

平成六年八月二十三日正午近く、屋久島宮之浦港を離れたジェットホイールは、一路北上して錦江湾頭に差しかかった。右手には大隅半島の最先端佐多岬が迫り出し、その断崖高く白亜の灯台が垂直に立ち、真夏の陽光に照らされて碧空を切り裂いている。しばらく船は大隅半島沿いに航行する。断崖の荒々しい岩肌に捉えられていた視線を、ふと左前方に移した。そのとき、一目でこれが開聞岳だと呼べる実に端正な円錐型の山が、海面から中空にすらりと立ち上がっていた。往路では曇り空の下で望むことができなかったので、これが開聞岳との初見である。明日はあの山頂に立つ。

鹿児島湾に着き、バスで西鹿児島駅に行く。実に暑い。駅前には、明治維新当時、日本近代化の黎明期に貢献した、島津の若い志士たちの群像の顕彰碑が建ち、いかにも明治以来日本南端の鹿児島に流れる、中央への誇らし気な上昇志向を感じさせる。

指宿枕崎線は錦江湾沿いに走る。海を隔てた桜島が火口から猛烈な噴煙を吐き出している。宮ヶ浜で下車し、予約済の宿で明日への英気を養う。快晴の青空の下、海は穏やかにマリンブルーに染まっている。この分では明日も好天であろう。

明朝、昨日頼んでおいたタクシーで六時に出発する。花束を抱えた墓参らしい中年の女性を同乗させている。近くのコンビニエンスストアに寄って、いなり寿司に缶ビール、氷などを買い込んで車の中で朝食とする。多少廻り道をしたものと思われたが、途中の墓地で同乗の女の人を下ろすと、ようやく本来のルートに戻ったようである。老運転手によれば、ときどき東京方面からの客を開聞岳登山口まで運ぶことがあるという。いかにも土地の育ちの素朴な語り口である。正午前に下山予定であることはあらかじめ話しておいたので、七時には登山口に着くつもりでいた。運転手はひとりで合点しながら、幹線道路ではないややこしい地元の道を走り抜けていく。

トンネルを抜けると、突然目の前に朝の光を浴びた目指す山がすっくと立っている。七合目辺りを樹林帯の境にして、そこから下は緑豊かに、そして上の方は砂礫帯のように見える。これでは上に行ってから相当に照らされるものと覚悟したが、登山口付近から見上げるとほとんど山頂まで灌木が這い上がっている。朝の光線の具合でそのように見えたのである。開聞中学校前でタクシーを下りる。七時を二十分程廻っている。車の外観からも相当使い込んだものであろうとは思ったが、荷物を取り出そうとしたところ、後部トランクの蓋が開かない。ここでザックが取り出せないのでは一大事だと思ったが、困惑している善良そうな老運転手の顔を見ていると何も言い出せない。何回かのレバー操作の末ようやく開き、お互いに胸を撫で下ろす。夏休みの、しかも早朝だからであろう、校内に人影はない。ザックを校門の片隅に置かせてもらって、デイパックで歩き始める。

登山口の下は芝スキー場などの施設だが、まだ開園時間には間があるのか閑散としている。しばらくは南国特有の濃い樹林の下を行く。登山口は北側にあるので全く日が差し込まず、朝の空気がひんやりとして頬に快い。円錐形で谷筋がほとんどないこの山の登山道は、北から右廻りして再び北に出ると、そこが山頂である。

五合目を過ぎる辺りから、道が東から南に差しかかり樹林が灌木となって、ときどき強烈な日差しが肌を射る。やがて眼下に、群青の海が広がりを増していく。東シナ海である。南から西へ廻り込む辺りから道は狭まり、飛び石伝いとなる。再び日差しが消え、左下に枕崎への弓状の海岸線が緩く続いている。下山する単独行者二、三人と出会った。静かである。潮騒もここには届かない。

灌木の背丈がぐっと低くなった。道が北に向き始めた所で山頂の岩塊に突き当たる。廻り込んで、その岩頭に立つ。

ときに午前九時三十分。実はこの山が私の日本百名山最後の山であった。用意した百名山完登のプラカードを掲げてスナップを残す。このプラカードを作っているときには、果たして今回の山行で使えるかどうか一抹の不安があった。しかし全ては予定どおりに終わりつつある。十七歳で登った富士山を始めとする百名山の山旅は、四十三年の歳月を経て完結したのである。密かに込み上げる喜びは、我がうちなるものである。

北の池田湖の向こう錦江湾の遥か彼方に、桜島が相変わらずに噴煙を突き上げている。これ程海に迫り出して立っている山を私は知らない。青々と広がる海原が、東から南を回って西へめぐっている。氷で冷やしながら登

ってきた缶ビールが、喉を心地好く鳴らしてくれる。しばらく休んでいるうちに、先刻までの紺碧の空に真下の海から霧が立ち昇り、陽光が遮られて明瞭に見えていた海岸線の輪郭が朧になる。一時間近くも眺望を楽しんでいたところへ親子連れが登ってきて、突然賑やかになった。

下りはワンピッチで一時間程であった。二合目付近で七十歳を超したであろうと思われる老婦人と、その娘さんらしいふたり連れに行き合った。ふたりとも一応スニーカーで足元を固めてはいるが、服装は観光スタイルである。老婦人の方は元気いっぱいで、娘に「私に付いてこい」と言わんばかりの勢いである。この先まだ急登が随分残っており、その足取りでは山頂まではとても無理と思えた。「まだ頂上までは相当ありますか」と問われたので、「まだちょっとありますが」と応えた。娘さんらしい人が、やんちゃな母親を少し持てあまし気味ながらも、少し先を行くその足元に優しい眼差しを投げかけていたのが印象的であった。

午前十一時半ごろ登山口に着く。荷物をまとめて開聞駅まで歩く。行き交う開聞中学の生徒は、いずれも見知らぬ我々に「こんにちは」と気持ちのいい挨拶をしてくれる。

昼下がりの開聞駅は閑散として誰もいない。小さな駅舎は修理中で、露地のプラットホームの向こうに全山を緑に包まれた開聞岳が見える。過疎のこの駅を一日に何本の列車が通るのであろうか。線路の両脇には夏草が生い茂り、とても充分な保線管理がなされているようには見えない。水呑み場の陰で着替えを済ませ、路線バスで山川駅に出て、列車に乗り換えて西鹿児島に戻る。

途中、薩摩半島最南端の長崎鼻から海を隔てた開聞岳は、一方の裾の端を海に落とし、他方のそれは半島の奥深くにどこまでも引いて、まさに薩摩富士の名に恥じない端麗な姿であった。

宮之浦岳（一九三五メートル）

平成五年十二月、屋久島は世界遺産に指定された。周囲百五キロメートル、総面積五百平方キロメートルで、黒潮渦巻く八丈島より一周り大きい島である。北の利尻島と同じく、上空から俯瞰すればほぼ円形の山岳島で、中央部を山岳地帯が占め、周囲のわずかな土地に人口一万四千人の人里が形成されている。

初めてこの山の名を聞いたのは、昭和五十七年秋のことであった。渡瀬らと登った南アルプス茶臼、上河内岳山行の折り、同行の見崎が「屋久島の山に桜の咲く五月の宮之浦岳はいい」と呟いた。そのひと言が、ずっと心の隅に引っかかり、いつの日にかそこに登ってみたいと思い続けていた。

平成五年四月に静岡に戻って以来、翌年夏の目標は屋久島に定めてあった。早くから同行の意思表示のあった浜松時代からの山仲間岡田、坪井へは、年の初めのうちに八月二十日から五日間の日程を連絡しておいた。

夏山の常連であった渡瀬、村松、高橋、田中にも、五月初めごろその日程を連絡した。しかし、何分にもこの南の島は遠い。余程の好条件が重ならない限り、全員の参加は無理である。渡瀬と村松はそれぞれの事情で早いうちに参加不能の連絡があり、田中もこのところ夏山の日程調整がつかない。南ア笊ヶ岳に登ったとき同行した竹本も屋久島行きを表明し、これで四名。最後の高橋が夏期休暇の調整をクリアし、鹿児島で落ち合うことが決定したのは、七月も半ばを過ぎていた。

八月二十日午前四時起床。浜松西ＩＣで岡田、坪井、竹本と落ち合う。静かな夏の朝に光が少しずつ充満していく。このところ五十年振りの猛暑が続き、今日もまた気温が上がりそうである。沖縄の南を北上している台風十五号の行方が気になる。鹿児島からのジェットホイールは海が荒れれば直ちに欠航してしまうのだ。そうなったら今夜は鹿児島泊まりである。

名古屋空港を定刻に飛び立った全日空機は、紀伊半島上空から四国沖を掠め、やがて九州南部に入って高度を下げ、霧島連山の南に廻り込んで鹿児島空港に着陸した。約一時間半程である。陸や海の交通と異なり、点から点への移動そのものである。高曇りで薄日が差し、風はほとんどない。岡田が鹿児島港に屋久島航路の平常運航を確認した上で、羽田からの高橋を待って合流し、メンバーを揃えて鹿児島港へ移動する。

折りしも夏の全国高校野球大会は準決勝を迎えていた。以前住んでいた佐久市から佐久高校が初陣で出場し、長野県勢としては初のベスト4に勝ち進んで九州佐賀商高と対戦している。息詰まる投手戦が続き、佐久が八回まで一対〇とリード。更に九回表にダメ押しとも思われた一点を追加したところで、乗船時間が迫り観戦は中断されてしまった。その場のほとんどが佐賀を応援している雰囲気の中で、佐久生まれの高橋とともに密かに佐久の勝利を願っていた。ところが、乗船後第二試合を実況中のアナウンスによれば、何と九回裏に三対二と逆転されてしまったとのことだ。実に残念であった。

ジェットホイールは最高時速八十キロメートル以上になるというが、穏やかな海面を滑るように航行し、それ程の高速感を感じさせない。やがて種ヶ島港に寄港する。宇宙開発ロケットの発射基地として知られるこの島は、種ヶ島海峡を挟んで十数キロメートルの屋久島とは対照的に、平坦な丘続きで山らしい山は見当たらない。このころから雲が垂れ込めて雨が降り出した。午後四時前に宮之浦港に着いた。

翌朝、雲はまだ背後の山を一面に覆っているが、東から南の海上は所々薄い紅色に染まり、雨も上がっている。宿の裏手にゆったりと宮之浦川が流れている。この辺は河口に近く、河幅は百メートルを超えているが、両岸に満ち溢れるような水量で、かつ川底が透けて見える程に澄み切っている。これだけでもこの島の水の豊かさを思わせるに充分である。タクシーで白谷林道を登っていく。林道とはいっても舗装されている。屋久猿を見掛けた。本州の猿に比べて小型で、一見小猿のように可愛いらしげである。翌日山頂付近で見た鹿も本州、北海道の鹿に比べてぐっと小柄であった。

雲水峡入口には立派な案内板がある。宿の握り飯を食べて七時半ごろ歩き始める。擦れ違いにふたり連れが下山してきた。ほかは我々のみである。

白谷川沿いにしばらく左岸を行く。この辺り遊歩道工事中で観光地化の兆しが濃い。鉄製の吊り橋を渡って右岸沿いに行く。傍らを流れる沢は、澄んだ豊富な水を勢いよく下流に押し出している。しばらくの巨岩伝いの後、道は登山道らしくなり、緩やかに上に続いていく。この辺の標高ではまだ屋久杉の巨木は見当たらず、南の島特有の葉肉の厚いタブ、シイ、カシが密集して光を遮り、昼なお暗い有様である。ブロック造りの白谷山荘で昨夜を明かしたのであろう人の声がした。辻峠直下の岩屋は、『遠野物語』の続石を思わせる巨岩が重なってできた自然の造形である。

そのまま小杉谷まで下って安房川の本流に出る。林相が変わってスギの植林帯となり、多少光が差し込んでくる。安房からのトロッコ道が安房川沿いに荒川を越えて登ってきており、ここからは森林軌道上を行く。旅行会社の縄文杉ツアーの一団三十人くらいが賑やかである。軌道は、大株歩道の入口で橋が倒壊して行き止まりである。頭上には滝が連なり、眼下五十メートルの渓谷は、相変わらず豊富な水を湛えて轟々と飛沫を散らしている。

ここから右の尾根に取り付き、急登となる。ウイルソン株で十一時を廻ったので昼食にしたかったが、あまりに多くの人で落ち着かない。朽ちた巨大な株の内部をちらと見ただけで通過してしまった。株の中は八帖間程で祠が備えられ、地上に水が湧き出しテント場には最適である。ただし幕営禁止となっている。

標高一〇〇〇メートルを越えるこの辺りから屋久杉の樹林帯で、所々に直径数メートルに及ぶ巨木が生立している。大株歩道と名付けられた所以であろう。道に張り出した根が筋のように入り組んで、たっぷりと湿気を吸い、極めて歩き辛い。正午を過ぎた。大王杉、夫婦杉の巨木を過ぎた所の窪地に、細い沢が流れている。登山道を離れ、この水場で昼飯とする。メインはゆであずきと餅のぜんざいである。随分汗をかいたと思ったが、気温は意外に低く、しばらく休むと湿気を含んだ身体は背中からひんやりと冷え込んでくる。

日本最大のスギといわれる縄文杉に出会う。この七月から木肌の保護ということで、木の周囲五メートル範囲にぐるりとロープが張りめぐらされている。樹の寿命に影響するのであろう。しかし、数時間を掛けてここまで登ってきた人たちが、森の精が宿っているかのような巨木の肌に触れて見たいと思うのも又抑え難い感情であろう。

雨が降り出したので雨具を着ける。縄文杉から先は我々のみである。十五分程で高塚小屋に着いた。小屋は、高塚山から延びる尾根と大株歩道の尾根がドッキングし、宮之浦川へ下るカネオリ谷の詰めに当たる小広い鞍部の深い木立の中にある。雨に煙ってひっそりと建っている。ブロック造りで三十人くらいは収容可能である。戸を引くと、学生らしいひとりが棚状のベッドで文庫本を読んでいた。

午後二時半を廻っている。予定の小高塚小屋へはガイドマップによればここから一時間半の登りである。岡田らは一段と強くなった雨と小屋の空き具合から、今日の日程をここまでと思った様子が窺えたが、そのまま小高塚小屋に向かう。

小高塚山に続く緩い登りの尾根を行く。ひととき激しかった雨はいつしか小降りとなり、空に明るさが戻ってきた。やがて小さなピークを越すと下の森の中から人声が聞こえた。高塚小屋から一時間余り、ときに午後三時四十分であった。

木造二階建ての立派な小屋で、五十人以上収容できそうである。既に花之江河から宮之浦岳を越えてきた四人パーティーが入っていた。彼らは霧で視界不良のため、永田岳はカットしてしまったとのこと。雨具の水を切って片隅のロープに掛ける。

一階の右奥を占拠して、早速夕食の支度にかかる。水はやや細いが小屋の近くまでゴムホースで引いてある。缶ビールを冷やし、米を研いで炊く。辛口カレーは私の好みで買い込んだが、みんなは苦手だったらしい。乾燥食品の八宝菜は塩の利き過ぎである。キンピラはよい。生野菜はキュウリ、キャベツ程度。次々に登山者が入ってくる。大半は宮之浦岳からのようであった。

雨はすっかり上がり落日寸前の赤みを帯びた西日が窓に差し込んでいる。午後七時過ぎ、朝食の準備をして寝袋に入る。まだ薄暮である。八時を過ぎて夜の幕が下りてもまだ小屋に入り込んでくる者がいる。何となくざわついて、眠りに着いたのは九時を廻っていたであろう。夜半、二十夜を過ぎていたであろうが、月の光は明るく、静かに小屋の周囲の深い木立を照らしていた。

起床四時。手際よくパン、スープ、紅茶、果物などを食べ、ザックをパッキングして小屋を出る。快晴である。五時半、登りにかかる。

やがてひと汗かいたころ、密集した樹林の間から朝の光が眩しい程に差し込んでくる。道は木の根が縦横に絡み合い、両側の樹の葉は昨日の雨をたっぷりと吸って、触れれば雫が滴り落ちる。露岩の隙間から左遥か前方に魅力的な岩峰が覗く。宮之浦岳かと思ったが、更に登るとそれは翁岳の岩峰であることが知れた。

登り続けた所で視界が開け、左右に連なる主稜線の中央にようやく双耳峰の宮之浦岳が現れた。道は尾根の右側に廻り込む。右下の深い谷越しに永田岳の峨々とした岩峰が迫力

充分に聳え立つ。標高一六〇〇メートルを超えて樹林帯を抜けると、天から巨岩をばら撒いたような小さなピークに出た。平岩と呼ばれる地点である。岩といっても多くは北アルプスのそれのような荒く尖ったものではなく、丸みを帯びその肌も滑らかである。そこから先は柔らかな緑のヤクザサの原が、宮之浦岳から永田岳に続く鞍部を一面に埋め尽くしていた。その淡い緑が朝の光に映えて鮮やかに浮き上がっている。

ここにきて、宮之浦岳の狂おしい程の魅力に取り憑かれてしまう。南の小さな島のこの奥深い所に、これ程に素晴らしい天地が潜んでいるとは、とても思い及ばなかったのである。そのとき、我々はそれぞれに、今日の快晴をしみじみ幸運だと思っていた。

右手の緩やかな笹原の鞍部の向こうに、王冠状の巨岩を頭頂部に突き立てた迫力充分な永田岳が、魅惑的に差し招く。焼野三叉路に荷物をデポしてそちらに向かう。この辺りの窪地には至る所に清く澄んだ水が湧いている。水は溢れる光を浴び、吸い込まれそうな青い空を力いっぱいに跳ね返している。

踏み跡は薄い。露を含んだヤクザサが道を覆って、間もなく下半身は水浸しになってしまった。朝の太陽に照らされて既に三、四時間を経ているので、従来の経験からいえば、相当に乾き上がっているものと考えていた。ロングスパッツで充分かと思ったが、この島の水量は想像を遥かに超えていたのである。雨具を着けるべきであった。

急登を詰めて鹿之沢への道と分かれ、右の岩峰の頂に向かう。中央の巨岩が山頂である。

その岩肌が太陽に焼かれて適度に温まっている。ずぶ濡れで冷えてしまった下半身の体温を、回復するにうってつけであった。沢登りの後のように、靴の中で泳いでふやけた足先を太陽に当てて乾かす。

西の海面から吹き上げる風は意外に冷たく、風を避けてしばらく日溜まりの岩の上から屋久島を俯瞰する。北側は深く切れ込み、永田川本谷の底はその下に沈んでいる。対岸の小障子、大障子岳の岩壁は、甲信県境の瑞牆山の岩壁に似て、下方から数百メートルの上に突き立っている。周囲は山又山で、ただ一ヵ所永田川の河口付近にわずかに小さな集落が見えるのみである。海面から夥しい水蒸気が立ち昇っているのであろう、ぼんやりと霞んで海の青さは望めない。

宮之浦岳は、ここからでは双耳のコブが重なって端正なピラミダルに納まり、群を抜いて秀でている。その間を敷き詰めるヤクザサのビロードが実に美しい。かれこれ一時間近くのんびりとしてしまった。再び焼野に戻る途中のヤクザサの中に、往路と同じ屋久鹿を見つけた。人おじせず、大きな両耳を立てて全くの無防備である。疑うことを知らぬ円らな目を見開いて我々を見つめながら、ゆっくりと笹の中に消えていった。エゾ鹿は必ず群れで棲息していたが、ここでは一頭だけでその体型も小鹿のようである。

焼野から少し登ると宮之浦岳の山頂に着く。そこは小広く盛り上がった広場状で、祠は見当たらない。この山頂は人里からは全く見えないところから山岳信仰の対象にもならなかったのであろうか。あるいは、屋久島は基本的には海で生きてきた島なのかも知れない。（注：太田五雄氏執筆の『山と高原地図』（昭文社）によれば、宮之浦岳頂上西側の巨岩の下にヒコホホデミノミコトを祀る一品宝寿大権現が祀られているとのことである）

既に正午を廻っていたので、ここで昼食にする。そのころから南の海面に雲が湧いてきた。若い三、四人のパーティーが栗生岳を越えて登ってきて、辺りが賑やかになった。あれやこれやと腹を満たしているうちに、湧き上がった雲の中から遠く雷音が響き渡り、雨がポツリと落ちてきた。見れば既に永田岳はゆっくりとガスに覆われつつある。我々がもし一、二時間遅かったならば、永田岳山頂からの眺望に恵まれることはなかったのである。幸い雨はひとときサアッときた程度で上がった。栗生岳を下り、道は安房岳、翁岳を右に巻いて緩やかに下っていく。一時間程歩いて投石岳手前の明るく開けた水場で小休止する。人影もなく静まり、いかにも腰を下ろしたくなる所である。

投石岩屋を過ぎて沢沿いに下り、やがて湿地帯の木道に出るとそこが花之江河である。小さな島の標高一六〇〇メートルの所に、よくもと思わせる程広い庭園風の湿地で、中央に祠が設置されている。しかし、この自然にはあまり人工的な手を加えない方がよいのではあるまいか。池には黒味岳が影を落としている。その池の周囲には、膝丈くらいのカヤツリソウのような草が至る所に生い茂り、この時節に本州の高地で見られる花は全く見当たらない。

昨日から抜きつ抜かれつしていた、大阪からの陽気な学生ふたりとここで又会った。彼らは今日のうちに荒川林道へ下ってしまうとのことであった。今三時を廻ったところであるから、林道で車を拾えるであろう。靴を脱ぎ、まだ乾き切っていない足先を木道上に投げ出して朝からの登りを振り返りながら、しばらく全身に染み渡る山の静寂に浸る。

小屋はゆっくりと流れる豊かな水辺を越えた所にある。午後四時二十分到着。豊富に木材を使ったがっしりした造りで、五、六十人は収容できるが、今夜は我々を含めて十数人の泊まりである。小屋の外にはたっぷりとした広場のスペースがあり、ここで夕食を調えて消耗したカロリーを補給する。山菜きのこの炊き込みは上々にできあがった。残っていた缶ビールで乾杯して、無事に終わった宮之浦岳登頂を祝う。

明日はここから三十分程下れば林道に出る。今夜も月が明るく広場を照らしている。ひっそりと静まった濃密な樹林の向こうから、緩やかな川の流れが微かに聞こえてくる。小屋の中も昨日のようなざわついた空気はなく、人里を遠く離れた山深くの暗闇が重く沈み込んで、夜は音もなく更けていく。

翌朝も四時起床。まだほの暗い中を歩き始め、ひと汗かいたころに林道へ出る。ここは空が広がって朝日が差し込み、明るい世界が開けている。林道を歩いているうちに登ってくる車を拾えるであろうと思っているところへ、先程登っていった営林署のジープが下ってきた。この車に同乗させてもらう。北大出の若い営林署員は望んでこの島に来て二年になるとのこと、まだまだ島には未知の部分が多く、当分はここで生活したいという。屋久杉はほぼ一年に一ミリ程しかその太さを増さないと教えられた。二千年、三千年の年輪を重ねたあの巨大なスギは人間の歴史を遥かに超越した存在なのである。

安房まで三十分で下ってしまった。ヤクスギランドから下は完全な舗装道路で観光客が多い。時間があるためのんびりバスを待っていたところへタクシーが通りかかったので、これを拾って宮之浦港に戻った。海は穏やかな群青を湛えている。島育ちの運転手によれば、夏の間海はほとんど荒れないという。台風の進路に当たる南の島で、静かな海は少ないのではないかと思っていたので意外であった。

がっしりとした瓦葺きの木造家屋が多く、しかも二階建てが目立つところが、八丈島の民家とは大分趣きが違う。建築材が潤沢なのであろう。これと対照的な北の利尻島が思い浮かぶ。屋久島の自然の豊かさがあちこちに感じられた。

予定より一便早いジェットホイールで島を離れる。急速に加速されるこの船は、海面を舞うように航行する。海上から宮之浦岳の全容を望みたいと思っていたのだが、念願の山行を終えた安堵感に浸っている間に、気が付いたときには既に屋久島は遥か遠く視界の外に去っていた。船は東シナ海と太平洋の狭間の、茫々たる海原の真っ只中であった。

第四章

裁判官へのみちのり

裁判官へのみちのり

私が山というものに淡い憧れを抱いたのは、国民学校（昭和十六年から小学校は国民学校と呼ばれていた）初等科四、五年生のころである。それは当時の国語教科書に載っていた『笛吹川をさかのぼる』『燕岳に登る』という田部重治の紀行を繰り返し読んだ記憶に遡る。文中の有明、中房温泉、合戦小屋などの地名が、なぜか非常に新鮮に感じられたのである。幼い日の漠然とした高みへの思いが、快い感触を脳裏に刻み込んだのであろうか。田部は穂高、槍の北アルプス岩峰に登った後で、秩父の深い森と渓谷に分け入る。そこに身をおいて、初めて自然に対峙し、挑戦する自己でなく、その中に溶け込み一体となる自己を見い出した。私は、二十歳前後に読んだ彼の著作『心の行方を追うて』に深く共感した。それは自然の中に、あるがままにある自己自身の、内省的告白の記録であった。

私のうちなる山は、既にこの時代に朧げな輪郭が形成されていたのである。なぜそのような自然観照の在り方が、私の中に根付いていったのか。それには恐らく生まれ育った道程が深く関わっているものと思う。

幼少期の記憶

昭和九年二月十三日、私は静岡市の東郊外の海岸に近い大谷村（現静岡市）の教員住宅で、この世に生を受けた。父も母も教員であった。

父は絵画を好み、美術を担当していた。物心ついてからの私には、油っぽい絵具の匂いのするアトリエでキャンバスに向かっていた姿と、自転車に乗せられてスケッチに連れていかれた記憶しかない。遺された数多くのデッサン、水彩画、油絵の大半は、太平洋戦争の末期に祖父母が静岡の住居を引き払って生まれ故郷の村へ引き上げた際、杉皮葺きの屋根裏に防水用に敷かれてしまった。戦時下の物資窮乏のためである。今私の手元には油絵数点と水彩画十数枚が残るのみである。その父と、私は七歳になって間もなく死別した。

母は尋常高等科を卒業した女子に裁縫を教えていたようであったが、戦中から戦後は、青年学校、中学校の教師として働き続けた。

私の下にふたりの弟がいる。末弟は父の記憶は全くないという。私には父母兄弟との一家団欒の思い出はない。父母の勤務地の違いによる別居だけではなく、子供心にも両親の間は必ずしもうまくいっていなかったように思われた。父のアトリエにおける、父と母との静かないさかいの朧げな記憶がある。そのとき父は無言であった。そして母は微かに嗚咽していた。ふたりの間に置かれた灰皿には、便箋に書かれた手紙のようなものが音もなくメラメラと燃え、焦げ臭いにおいが辺りに充満していった。私は片隅にうずくまってじっと身を固くしていた。私には、私の存在がその場の状況には全く不必要なものに感じられたのであった。

その後、このことを母に問い糺したことはない。ふたりは同じ職場で知り合い、多少なりとも相互に恋愛感情を抱いて出発したであろう。これは、その結婚数年後の象徴的情景として、私の脳裏に深く刻み込まれている。

昭和十五年四月、静岡師範付属小学校に入学した。もちろん、私自身の知らぬところでそのようになっていたのである。長男の私は、母や弟たちと別れて祖父母、父、叔父と生活し、小学校に通うことになった。だから入学時の記念写真には保護者として祖母が写っている。

家は馬渕八丁目にあった。それは通りから小路を入った閑静な場所で、小石を埋め込んだコンクリートの門柱には鉄製の開き扉があり、玄関脇の青桐の木が印象的であった。祖父は僻地山村出身で、地方吏員として粒々辛苦の末この家を手に入れたのであろう。中産階級の入口の姿を思わせる、小さいながらも庭付きの瀟洒(しょうしゃ)な住宅であった。事実晩年の祖父が、あのころが自分の人生で最も輝いていた時代であった、と呟くのを聞いたことがある。二階にあるベランダの付いた畳み十帖程の部屋が、父のアトリエ兼寝室であった。

私は家族の中でひとりだけ幼く、大人たちの会話に加わることもできなかった。毎夜八時になると二階に上がって寝るようにいわれていた。その部屋は、ベランダ側と窓のほかは真っ白な漆喰の壁に囲まれ、天井も又一様に白い。中央には、擦りガラスのグローブに包まれたシャンデリア風の照明器具が吊り下がっていた。電灯を消すと、ほの暗い中に白壁が浮き上がる。階下への扉側の壁に掛けられた能面の、無表情で虚ろな細い目の隙間から、刺すような視線が感じられた。目を閉じてその冷たい視線を避け、一刻も早く眠りに誘われるのをじっと待つ夜が続いたのであった。

そして、この時刻になると決まってどこか物悲しげな音色が聞こえてきた。静かに沈み込んでいた夜の空気を震わせて室内に入り込み、しばらくの後再び静寂に戻っていった。その音を私は随分長い間、何か知らない鳥の鳴き声であろうと思っていた。それが屋台のチャルメラの笛の音だと分かったのは、その後十年を経てからのことである。

孤独であることの意味を全く知らずに孤独な状況に置かれて、心の奥底にある漠然とした不安におののいていた日々であった。

その年の冬、父が結核であることが分かって私は母の元へ帰り、弟たちと生活するようになった。私にとっての母子家庭がこのときから始まる。それは安倍川の西にある古くからの東海道筋の宿場手越にあった八帖二間の借家であった。末弟はまだ三歳に満たずようやく片言を喋る程度で、足手まといになるだけであったので、西に七、八十キロ離れた天竜川に近い母方の在所の祖母の手元に預けられることになった。

昭和十六年六月二十日、父は三十三歳でこの世を去った。

その日の午前の授業が始まって間もなくのことであった。教室の引戸が静かに開かれて、祖父の顔が見えた。担任教師にひと言ふた言ささやいた後、担任は真っすぐ私の方を見詰め、教室から出るように促した。何も分からぬままに祖父の自転車の荷台に乗せられて病院へ行く。病室のベッドには既に息を引き取った父が横たわっていた。その顔を覆った白布を取ると、瞼を閉じて微動だにしない父の血の気の引いた顔がそこにあった。これが父との別れであった。

そして、中学生のころに海水浴場で幼い私を背負って遊んでくれた叔父も、後を追うようにこの世を去った。叔父は、昭和十八年の秋に仙台高等工業専門学校応用化学科を繰り上げ卒業した。その後海軍に志願し、幹部候補生を経て技術少尉として九州大村海軍工廠で軍務に従事中、米軍の空中爆撃で戦死したのである。昭和十九年十月のことであった。私がそのことを知ったのは、その年十一月末のある日。ひがな一日落葉をそこかしこに舞い散らして吹き抜けた木枯らしがようやく静まった夜遅く、寝付いて間もなくのことであった。遠くからコツコツと響いて近付いてきた靴の音が、家の前でぴたりと止まった。祖父である。「勲が戦死した」とただひと言、しばらく無言であった。

そこには、軍刀ひと振りと白布に包まれた白木の箱が置かれていた。戦いに赴いてわずか一年、二十一歳の生涯であった。祖父母はわずか四年足らずの間に、二度の逆縁の憂き目を見たのである。母も又、日支事変で既に実弟巳代次を失っていた。

戦況激化の中で

戦況は日々悪化していった。次第に迫りくるB29による本土空襲の被害を避けるため、祖父母は静岡市の財産を処分し、生まれ故郷の富士山麓の谷間の村（現富士郡芝川町西山）に引き上げた。そこのわずかな田畑で、新たな生活を切り拓くことになった。

私は安倍川を越えて、五キロ近くもある駿府城内の付属小学校まで、二年半以上バスや徒歩で通学していた。が、次第にバスの便も減り、満員バスに置き去りにされたりして遅刻が度重なるようになった。加えて内耳炎手術で一ヵ月程入院したため、ますます授業についていけず、すっかり通学の意欲も萎えてしまった。朝、家を出ても登校せずに、安倍川堤を一、二時間うろついた後、誰も居ない家に引き返してしまうことも再三であった。

そのころのことである。通学に予定したバスが満員で、三十分遅れの次のバスにようやく乗れた。降車するバス停近くに差し掛かったとき、私は窓越しに校外へ自然観察授業に出掛ける級友たちの行列を見付けた。担任の長谷川先生もバスの中の私に気が付き、しばらくバスを追いかけてくれた。しかし私はそれを知りながら、そこですぐに下車して級友たちの群れに加わる勇気がなかったのである。結局誰も居ない教室に入ることもせず、そのまま町中をぶらぶらして家に帰ってしまった。私を学校教育の場へ引き戻そうとする先生の熱意を踏みにじって、私は逃避を続けていた。

このことはずっと後年まで私の心の奥底に引っ掛かっていた。最近、妻の所へ配布された退職教職員の情報紙に、長谷川先生の訃報が載っていた。そして私はこの内心の負い目をずっと背負い続けることになった。私がその旨を先生に伝え、釈明する機会は永遠に断たれてしまったからである。長谷川先生は父と師範学校専攻科の級友で、古いアルバムには若き日の父と先生との写真が、セピア色に沈んで貼られてあった。

このような状況の中で、国民学校四年の秋から住所地の長田西国民学校に転校した。末弟も就学年令に達して私たちの所へ戻り、昭和二十年四月同じ学校へ入学した。ようやく兄弟三人が同じ学校へ通うようになったが、それも束の間のことであった。本土空襲が毎夜のように繰り広げられる戦争末期、市民生活は極度の危険に晒されていたので、末弟は今度は父方祖父母の元に預けられることになった。母方祖母方、父方祖父母方と、私はしばしばこの弟を連れて行ったり、様子を見に行ったりしたことがあった。帰り際、泣きながら追い駆けてくる幼い弟を邪険に突き放すのは、心底から悲しく辛いものであった。

昭和二十年八月十五日、戦争は敗戦をもって終結した。

農学校へ進む

暗く重い雲は取り払われた。しかし世の中には、満州事変以後十数年に及んだ戦争による疲弊と、まだ実体の定まらない民主主義、自由主義という言葉が飛び交う混沌が広がっていた。そんな中で、人々は長期的展望を得られないままに、食べるためだけの生活に追われていた。

家主の親族が東京から戦火を避けて疎開し、半ば強引に私たちの借家に同居して明け渡しを迫ってきた。そのため、親子で大八車を押して引っ越し、母の勤務先の青年学校の片隅に生活する羽目になったのもこのころである。

六年生であった私の進学先は、この年の敗戦で静岡中学から静岡農学校へと変わってしまった。父、叔父と次々に男手を失った中で、わずかの田畑を拓いた祖父母の生活承継と、極度の食糧難の状況下からの結論のようであった。父、叔父、弟たち、更に私の長男も静岡中学（現静岡高校）を卒業した。その卒業者名簿に私だけが入らなかったことに一抹の淋しさを感じたものであるが、これも全て時代の波の故であった。

農学校の生徒はそのほとんどが農家の子弟で、私のように農家で生まれ育っていない者は全くの例外である。家には鍬一丁もない。敗戦直後のことでもあり、まともな鍬は市販されていない。米軍空爆で投下された不発の焼夷弾の鉄の外殻を、叩き直して鍬様にしたものがあった時代である。いた仕方なく、しばらくは母の知り合いの農家から、比較的用途が広い唐鍬を借りて実習用にした。当時の農業はまだまだ労力一辺倒の旧来の形態であった。農薬、化学肥料も未開発で、肥溜め糞尿も貴重な肥料であった。まさに資源再利用そのものである。

ときどき、牛舎の掃除当番があった。入学して三、四ヵ月のまだ牛の扱いに慣れぬころのことである。実習農場付近の田圃は青田一色であった。それぞれの牛舎の入口には、三十センチ程の間隔で三本の丸太の横木が差渡され、取り外しができるように設置されている。私は最下段の横木を外して中へ入った。

牛舎の掃除とは、牛の糞尿で腐りかかって堆肥状になった敷藁を取り替えるのである。私にとっては、押しても容易に動かない牛のすぐ近くで作業することさえ、何となく不安で集中できなかった。だが、牛はおとなしく新しい寝藁に取り替えられた部分に横たわって、ゆったりと鷹揚な態度で、こちらの作業を見るような見ないような眼差しである。すっかり私を信用して任せ切っているように見えた。

しかし、牛舎につながる、屋根のない柵で囲まれた運動場の方の作業に取り掛かったときである。むくりと起き上がった牛は、巨体を入口の一本外された横木の下にうずくまるように沈めて、信じられない程の敏捷さで六十センチほどの隙間から外に潜り抜けてしまった。私は牛の背後に廻ってしまい、どう考えてもこれを取り押さえようのない布陣なのである。牛はあっという間に校庭から裏門を抜け出し、そこに広がる青田の中に走り込んでいった。立場上、私は牛の後ろから追い駆けていったものの、このような場合に牛の前に廻り込んでその鼻面を押さえ込む術も力もない。ただただ牛の後を付いていっただけなのである。

ようやく近くで作業していた上級生が異常に気が付いて駆け付け、牛を取り押さえてくれた。結果として近隣の農家の田圃を荒らした程度の被害に止まったので、謝罪し倒れた苗を原状に回復することで落着した。この一件は、わずか高さ六十センチ程の隙間を、あの巨体が潜り抜けられるものと予見できなかった私の経験不足による判断ミスである。それにしても、あの青田を喜々として走り廻る姿は、牛にとっても拘束状況から解放への激しい欲求が溢れていたように思えたのであった。そしてそれは、私自身の心理的閉塞状況からの、解放への憧れの象徴とも映った。

私はそれまでに何回か同様の心理的体験を経ていたのである。それは、今ここにある私は本来の私ではない、という漠然とした感覚的な意識であった。こうして私は農学校における三年間、常にここが居場所であるという感覚を持つことができなかった。そしてこの感覚は、その後の自我形成の過程において常に私の内面深くに絡みついて離れず、今いる組織に対して、求心的にではなく遠心的に自我を刺激するのであった。

工業高校を経て電気工場の工員に

やがて敗戦直後の混乱からようやく抜け出し、食糧事情も充分とはいえないまでも安定を回復しつつあり、市民生活に次第に新しい産業の息吹が感じられるようになってきた。折りも折り、従来の義務教育体制が現行の六、三、三制に改編された。旧制中学校は解体し新制中学二年に編入となったので、新制高校への選抜が実施されることとなった。農業から工業へ比重を移す戦後の流れに沿って、私は昭和二十四年四月静岡工業高校電気科に入学した。静岡高校への編入学も可能であったが、わが家にはまだそれを許すだけの経済的余裕はなかった。工業高校卒業後の就職を迫られていたのである。

ひとりで兄弟から離れて生活させられていた末弟も戻り、母子四人が母の細腕の中で何とか糊口を凌いでいた。今やあの戦時下の暗い空気は完全に払拭され、それぞれが頑張れば少しずつ報われる時代に入りつつあった。母も夢中だったものと思う。間もなく市内の下町の外れに、築後十数年の二軒長屋ではあったが、持家を得るに至った。

祖父母のその後はというと、祖父は推されて村会議員などをやり、それなりに地域に定着して生活を維持してきた。七十五歳を過ぎてからはさすがに農業の重労働に耐え切れず、昭和三十七年に田畑を整理して私たちと同居した。そして四十一年五月、八十二歳でその生涯を閉じることになる。その後祖母は再び生まれ故郷に戻り、ひとりで生活すること十数年。最後の一年は満州から引き上げてひとり暮らしをしていた叔母の下で暮らし、五十九年五月に亡くなった。享年九十五歳。奇しくもふたりの命日は同じ五月十四日である。

私は明確な目標もなく工業高校に入学したものの、生来的に理科系の発想に親しまなかった。その上手先の不器用さも加わって、容易に電気関係の専門科目に興味が湧いてこなかった。今考えると文科的発想でしか電気を捉らえていなかったのではないかと思う。

引っ越し前の住居に隣接する青年学校の教室の一部で、青年たちが始めた卓球に興味を抱いた。中学二年の秋から始めて高校でもほとんど卓球ばかりに明け暮れ、下校後は夕食の準備をする毎日であって、顧みて勉強らしい勉強をした覚えがない。

それでも、当時は戦時下の電波管理の規制が解除されたので、海外放送を含めより多くの内外の電波をキャッチしようと、級友たちはスーパーヘテロダイン方式の真空管ラジオを競って製作した。私もラジオ部品店に通い夜を徹して電気鏝（でんきごて）を握り、コンデンサー、抵抗器をハンダ溶接して、より高感度のラジオ製作に没頭した。スピーカーを納めるキャビネットは古い砲弾型の三球ラジオの箱を利用し、アンプ部分はアルミのシャーシー剥き出し、レコードプレーヤーはみかん箱を改造したものであった。それでも、戦後進駐軍放送を通して入り込んだデキシーランドスタイルのジャズの軽快なリズムは、十代後半のまだ何も知らない私に、遥かな夢と明るい希望を与えてくれるように思えたのであった。

ドリス・デイ、ダイナ・ショア、ビング・クロスビーの甘い歌声、ハリー・ジェームズ、ルイ・アームストロングのトランペット、ベニー・グッドマンのクラリネット、グレン・

ミラーのトロンボーン、ジーン・クルーパのドラムなど、多くのジャズ奏者の感覚の耳新しさは刺激的であった。

三年生の夏、郷里の山である富士山に、級友四人（大池（現加藤）、溝口、市川、村上の諸君―市川、村上両君は既に亡い）と夜通し歩いて登ったことがあった。当時は二合目の馬返しからである。しかしこれは物見遊山の延長でしかなく、自然との関わりはそこには全く生まれてこなかった。というより、関わる主体である自己自身がまだ確立していなかったのである。

昭和二十七年三月、工業高校を卒業して、東京芝浦電気富士工場に就職した。ここでは、電話技術課の中堅技術者の卵として、受話器の試作実験などを担当していた。家庭電化への一歩でもあった、サーモスタット内蔵の電気あんかの試作もこのころのことであった。昭和二十八年五月初め、仲間三人と徳本峠を越えて涸沢を目指したのが雪山の初体験であるが、このときもまだ私自身の自然観は浅く、薄っぺらな冒険心のなせるものでしかなかった。しかし、このとき徳本峠から見た雪の穂高の印象は強烈であった。

その後、工場への通勤電車の往復二時間をさまざまの読書に当てた。山本有三の『路傍の石』『真実一路』『波』『女の一生』、芥川龍之介『箴言』、阿部知二『三太郎の日記』、倉田百三、唐木順三、亀井勝一郎などなど手当たり次第に読んだ。中でも倉田百三の思想に刺激され、その著作は当時文庫本に収められていたものを全て読み尽くした。思い浮かぶままに挙げれば、『愛と認識との出発』『出家とその弟子』『青春をいかに生きるか』『絶対的生活』『超克』『青春の息の痕』『絶対の恋愛』などである。夢中で読み続けるうちに、青年前期の精神不安の真っ只中で自我確立の混沌にありながら、次第に存在の基盤への自己同一性（SelfIdenitity）が形成されていった。

ようやく、このときになって私は自己の存在に覚醒した。まさに第二の誕生である。

従来の私は、自らの存在に対する責任の意識がなかった。更に、日々時間がかけがえなく存在を規定するという意識がなかった。

高校時代の修学旅行の際、奈良の土産物店の店先でこけし人形を掠めてポケットに入れてしまったこと。小学校時代に一時間余りの徒歩の通学が辛く自転車置き場の児童用自転車を無断で持ち出してしまったこと。中学時代みかん山のみかんを取って食べてしまったことなど、数多くの非行を重ねた。子供のとき、母に数メートルの高さのある橋げたの上から、一緒に飛び下りて死のうとまで折檻された夜もあった。母が真剣なだけにただただ恐怖を感じたのであったが、それでも幼い私には自覚が及ばなかった。

遅かったかもしれないが、ようやく私はこの第二の誕生のとき以来、長くさまよった無明の闇を抜け出して、自覚的な自我を掴み取ることができたように思う。私の生きる彼方へ微かな曙の光が差し込んできた思いであった。

うちなる私の目覚め

そして勤めが三年目に入った昭和二十九年春、大学受験を決意した。仕事自体に不満はなかったものの、工場の中で主として理科系大学出身の上司先輩、あるいは一般工員の多くの生き方に違和感を抱くようになっていた。このまま一生工員生活に埋もれてしまうことに激しく抵抗しようとしたのである。

この年を限りとして自らの生きる方向を決すべく、工場近くに下宿して大学受験の準備に打ち込むことにした。それは全くの独学で、暗記本位の受験勉強であった。工場の昼休み、静まり返った倉庫の片隅で暗記した旺文社の「赤単」が懐かしい。じっと孤独の底に沈み込んではいたが、とにかく現在の状況を脱却して大学に入り、好きな本を思い切り読んでみたい、何か学問らしいものに熱中してみたいという思いが腹の底から湧き上がってきた。命の芽吹きの時代であった。

こんな折り、八月の盆休みに工場の仲間から信州の高原歩きを誘われた。それは美ヶ原から蓼科高原への旅であった。

二泊の高原キャンプの後に、仲間と別れてひとりで蓼科温泉場の沢沿いに八子ヶ峰に登り、白樺湖畔のシラカバ林の中にテントを張った。当時の白樺湖は周りに建物ひとつなく、湖の向うには車山に続く霧ヶ峰高原が、明るいグリーンのビロードに覆われて静かに横たわっていた。テントの数も少なく、管理人は私が単独であることを知るや管理費は受け取らなかった。思えばまだ人も自然同様牧歌的な時代であった。

その夜の静寂は、四十年を経た今でも忘れることができない。母が作ってくれた軍用毛布を袋状に縫った寝袋に入り瞼を閉じると、そこは闇の世界、湖の岸辺をひたひたと打つ細波の音のみ。ひとひらの落葉がテントのシートに舞い落ちて、微かな葉擦れの音を残して滑り落ちる。天には無数の星が煌めいている。山の世界にただひとりで

いることの、ぞくぞくするような魅力に取り憑かれたこの静寂の体験は、私の原体験となっている。その後同様の状況に置かれたとき、密かな快感さえ伴って想起されるようになった。

翌朝、湖面には薄い霧が這っていた。霧ヶ峰の高原にも人影はなかった。車山の頂きを踏んで強清水のバス停に向かう。茶店が一軒あった。このとき緩いうねりのように幾重にも続く草原を吹き抜ける風には、もうすっかり秋の気配が感じられた。

今思えば、これが私の山、いや自然との対話の端緒になったのではないかと思う。このころの高原逍遥は、私のうちなる「私」の目覚めであった。同時に私は物を対象とするのではなく、直接人を対象とする仕事、即ち教育に携わりたいと考え始めていた。そしてその手段としての私自身を知ることから始めようとする意思が、うちにひしひしと充満しつつあった。

生涯の師との出会い

昭和三十年四月、三年間勤めた東芝富士工場を退職して、静岡大学教育学部に入学した。東京教育大学か早稲田大学に入学したいと思ったが、当時の学力ではそれは及ぶべくもなく一蹴された。そこに自分の名前がないことを確認するためでしかなかったが、行く末をしかと自分自身で見据える区切りとして、東京教育大の構内に結果発表を見に行った。発表後数日を経た合格者番号の記入された巻紙には、当然のことながら私の番号はなかった。いずれにせよこの三月限りで工員生活を断ち切り、東京で夜間大学にでも入って勉学を続けたいものだと思った。

あれやこれや思案しながらの帰りの東海道線の車中で、仲睦まじくジャンケン遊びをしていた親子がいた。その光景が、私自身の置かれた現実とあまりにも遠く隔たった世界に思えたものであった。

三月二十日過ぎからの国立大学二期の入学試験は、まさに背水の陣であった。合格発表の前に、課長に一身上の都合により退職する旨の願いを提出してしまった。今や出口なしの状況からいかにして脱出するかである。結果は辛うじての合格であった。

それでも一年間工員生活の傍ら受験準備に没頭し、兎にも角にも工員生活と決別し、自由に好きな本を読める日々を迎えた。この年の春の桜は、私の心の解放を祝福してくれるように明るく華やかさに満ち溢れていた。これが私の二十歳のエチュードであった。

やっと入った静岡大学で、生涯の師と出会えたのは幸運であった。それは西田幾多郎門下の島谷俊三教授である。先生の生活は真の意味で限りなく清貧そのものであった。しかし内面の精神の豊かさと学問に対する厳しい姿勢は、私にとって畏怖を伴いながらも憧れそのものであった。父を早くに亡くした私には、先生は師であると同時に父に代わる存在として、自己同一性の遠く遥かな道標であった。

ときどき学友の長谷川利治君（後に京都大学文学部美学科に編入学し、卒業後はマスコミ関係の仕事に就いた）と先生宅の大掃除、室内消毒（当時はまだ殺虫剤にＤＤＴが使用されていた）、垣根の手入れなどの作業をしたことがあった。そんなとき、先生自ら薪をくべて風呂をたいて下さったり、奥様のお手料理に加えて、学生の分際では到底口にすることができないような“このわた”や“からすみ”などの珍味を御馳走になったりした。そして後日、学生課の窓口に先生の選んで下さった本が届いているのであった。また先生のお宅で、西田幾多郎、三木清、田辺元、天野貞祐、高坂正顕、唐木順三、高山岩男など西田門下を中心とする著名な先生方の、戦時下の時代背景を浮彫りにした数多くの交流の書簡を拝見させていただいた。浅学な私の知的生命線の刺激に資するところ大であった。

静岡大学では心理学研究会に所属し、ここで妻と知り合い後年島谷先生ご夫妻のご媒酌で結婚した。このころ既に私の関心は全体にではなく、ひたすら個に向い存在そのもの、自己のうちへうちへと深く深く沈潜していった。中野重治の『むらぎも』『梨の花』『歌のわかれ』三部作は、当時の私の歌そのものであった。

昭和三十年八月、心理学研究会の仲間の村松、松尾両君と、志賀高原から軽井沢を経て松原湖への山旅を試みた。中央線の夜行で名古屋から塩尻、松本、長野へ出て長野電鉄に乗り換え湯田中に着いた。参加予定の鈴木君が約束の列車に乗り遅れたため、翌朝まで待つことにして近くの河原にテントを張っていた。すると、通りすがりの土地の人が一夜の宿を提供してくれたのでその厚意に甘え、この夜は畳の上で寝ることができた。

翌日、結局鈴木君は現れなかったので、当時のバスの終点であった丸池まで行き、そこから横手山への道を辿った。女子学生の大パーティーを追い抜いてからは、深い針葉樹林帯で日の光も届かず静寂そのものであった。今は山頂付近に巨大な電波中継のアンテナ

などが設置され、スキーリフトが縦横に走っているが、そのころは、この付近に人工的な雰囲気は微塵もなかった。芳ヶ平の野営も我々のみであった。

　ここから見上げる白根山の裸の岩肌は膨大な量で迫り、凄惨かつ怪奇であった。その夜半の雷鳴と閃光の激しさは、今でも強烈に記憶に残っている程である。突然、頭上の爆発音とともにバケツをひっくりかえしたような雨。慌ててテントの周囲の溝を深く掘り起こして浸水を防ぎ、まんじりともせずに夜を明かした。

　翌朝も雨は降り続き、ガスが立ち込めて視界もなかったので、白根山登頂を断念してそのまま草津に下った。そして、草軽電鉄の鉱石を満載した貨車に

連結された、マッチ箱のような客車の中で、高原を吹き抜ける心地よい風に吹かれながら、山間を揺られて軽井沢に着いた。今ではとても考えられないことだが、駅舎近くのカラマツの林の中にキャンプ場があった。

翌日は八風山に登って神津牧場に寄る。搾りたてで濃厚な牛乳が乾いた喉を気持ちよく通り過ぎていく。バスで小海線に出て、松原湖畔でこの山旅の最後の一夜を明かした。ここには若いキャンパーたちが集い、燃え上がるファイヤーに頬を輝かせてみんなで歌った。時代は歌声運動のさなか、多くはロシア民謡と反戦の歌であった。そのときは、後年この曽遊の地に三年の歳月を過ごすことになろうとは、思いもしなかったことである。

佐久に住んで草津白根や横手山に登った。既に草津志賀道路が貫き、それは山に登るという行為とは別の遊山そのものであった。火口湖は相変わらず碧緑色を湛え、周囲に硫黄の強烈な臭気が漂っていた。ヘリコプターで一気に運ばれた本白根山の山頂付近から、草津温泉場の天狗山スキー場へは下手なスキーでも三十分程で下りてしまう。この時を経た自然の様相の落差を、埋める術はない。思えば、あの高原の列車も、夏の草花が涼風に揺れた草原の静けさも、全てはメルヘンの世界であったのかもしれない。これが、私が大学時代に歩いた唯一の山歩きである。それは単に一年前の夏の高原歩きの延長でしかなかった。

結局私はこの時代、好きなスポーツはいっさいやらず、内面の山、自然へのやみ難い希求も抑えていた。今までに取り逃がした時を、必死に取り戻そうとしていたのであった。後から思えば、人生において取り逃がした時などはなかったのであるが。

大学入学間もなくから、私は受験で知った語学力の不足を補うため、受験のための英語塾に通った。二年になってから暑中休暇の内半分は、上京して御茶の水のドイツ語の紅露外語、アテネフランセの夏期講座を受講するなどして、少なくとも読解力についてはある程度の自信が持てるまでになった。

私の関心が内面へ内面へと向かうにつれて、私にとっての心理学は、まず私自身の分析解明の手段となっていった。そこには世のため人のためなどという動機は全くなかった。そしてそれは勢い多分に哲学的思維的な方向に傾かざるを得なかった。

自分自身を見極めたい

やがて、このまま教師になるよりはその前にもう少し自分自身を見極めてみたいという思いが強まり、昭和三十二年四月、東北大学文学部心理学科に編入学した。若くして戦死した叔父が、その短かった青春を過ごした仙台への憧れも片隅にあったように思う。長身の叔父の残された海軍士官の軍装姿は、眩しい程に凛々しい。

二年前に一敗地にまみれた早稲田大学文学部心理学科への編入試験にも合格したが、当時、次弟は東京大学法学部在学中、末弟は受験浪人（翌年神戸大学経営学部へ入学）で、中学教員の母ひとりの家計に余裕はなく、当然国立大学を選択した。ちなみに、次弟智は三菱重工業株式会社を経て現在千葉ふそう株式会社代表取締役、末弟芳正は日清紡績株式会社取締役として働いている。

仙台での生活はひたすら読書三昧であった。そこで佐藤功、鈴木茂光、大浦徳昭君らとの交友を得た。佐藤君は学者の家系を守り、大学院博士課程を経て東北学院大学から金沢大学に転じたが、四十歳を越えて間もなく病魔に襲われ、志半ばで逝ってしまった。痛恨の極みである。学部時代に彼と翻訳を試みようと一緒に読んだ本に、クセジュ文庫、モリス・ルシュランの『心理学史』(MAURICE REUCHLIN『Histoire de la Psychologie』)がある。その後訳書が出版されたが、私の下宿と彼のキリスト教青年会の寮で交互に、ときには雪の作並温泉の安宿に泊まり込んだりしながら読み続けた日々が、思い起こされる。彼は争いを好まない温厚誠実な学究の人であった。鈴木君は大学院修士課程に進んだが、その後、現場の心理臨床に入り、児童相談所から教護院院長となった。最近もらった挨拶状によると、定年前に退職し、宮城教育大学で若い学生たちに彼自身の臨床体験を伝えているとのことである。大浦君は早くからマスコミ志望であり、その方面で活躍している。

私も学究生活への魅力に惹かれながらも、古典的な実験心理学の伝統と、研究室のやや閉鎖的な雰囲気に親しめなかった。結局諸般の事情を考慮して、心理臨床の実務に就くことにした。その上で、最高裁判所採用の家庭裁判所調査官となるか、国家公務員上級心理職として法務省技官となるか迷いが出てきた。しかし、恐らく後者は心理技官として診断に留まってしまうのではないかと考えられ、社会調査を含み治療への関与の可能性を残す前者を選択。少年非行の実務に携わることにした。

ときに二十五歳であった。

あとがき

　私にとって山に登るという行為は、そこに自己を投入するという意味において、私自身の自覚的端緒となります。西行、芭蕉を始めとして、人生を旅になぞらえた先人は数限りありません。それは単なる物見遊山でなく、旅そのものの中に己の全存在を投げ入れる行為でした。

　これらの達人に及ぶべくもありませんが、私なりのこの旅の記録は、高校三年の夏、十七歳から始まります。自我確立ということにおいて

は、精神的な不安の真っただ中、揺籃のときでした。そして二十歳前後の山行は、迷いを振り払うためのあがきでありました。しばらくの空白の後、三十代に入って、再び山に登るという行為が内面から抑え難く湧き起こり、以後絶えることなく現在に至っています。

このように、この行為は、私の生の営みにおいて、欠くことのできない自我関与の道程なのです。幸いなことに、私は簡易裁判所判事として、多く転勤しました。故郷の静岡、浜松を始めとして、北上山地の遠野、信州佐久、東京、八丈島、網走など各地に移り住みました。それぞれの土地に接し、そこで仲間を得、その自然に包まれて、時間と空間を共有することもできました。

この多くの仲間たちの援助と協力がなかったならば、私の日本百名山完登は達成されなかったと思います。私が今までに登った山々は、深田久弥氏の書かれた『日本百名山』に止まりません。しかし、この山紀行を書いた動機は、やはり深田百名山にあります。氏の著書は、山登りをある程度続けてきた私に、あるときひとつの目標を与えてくれました。

そして、平成六年還暦の年、それを達成することができました。

私のこの山旅の記録は、ひとつひとつの山に、そのときどきの思いを寄せたものです。そして、私自身のために残しておきたいと思います。これは私が生きたそれぞれの時代を縦糸に、それぞれの山を横糸に織りなした、私自身の自然観照の在り方です。つまり、私がどのように山を受け止め、山がどのように私を受け入れてくれたかということです。

私という存在に早くから纏わり付いて離れることのない原罪の意識を、ときには拭い、ときには癒してくれたのが山でした。再び再生への衝動を駆り立て、奮い立たせてくれたのも山でした。この摩訶不思議な山が私にあったということは、限りある生命を維持する上で、本当に幸いでした。

終りに、この本を出版するにあたって、多忙の中懇切に助言してくださった山溪マイブックス編集長の阿部正恒氏に心から感謝します。

平成九年四月二十三日

著者略歴

一九三四年　静岡県静岡市生まれ

五一年　富士山に登る

五二年　静岡工業高校電気科卒業、同年東京芝浦電気（株）富士工場就職

五九年　東北大学文学部心理学科卒業、家庭裁判所調査官となり静岡家裁で少年事件を担当する

六九年　家事事件担当となり、夫婦・親子・相続など家族間の紛争に関わる

七五年　簡易裁判所判事に任命され、民事刑事事件を担当

九四年　日本百名山完登

九五年　モンブラン・ド・タキュル、モン・モディー登頂

九六年　レーニア登頂

現在富士簡易裁判所判事として、市民紛争の解決に尽力する。

また、余暇に一泊程度の月例山行を継続。残雪期の静かな山を好む。

山と生きた裁判官
その人生と山旅の記録

2024年8月31日発行

著　者　清　雄　策
発行者　向田翔一

発行所　株式会社22世紀アート
〒103-0007
東京都中央区日本橋浜町3-23-1-5F
電話　03-5941-9774
Email: info@22art.net　ホームページ：www.22art.net

発売元　株式会社日興企画
〒104-0032
東京都中央区八丁堀4-11-10 第2SSビル 6F
電話　03-6262-8127
Email: support@nikko-kikaku.com
ホームページ：https://nikko-kikaku.com/

印刷
製本　株式会社PUBFUN

ISBN：978-4-88877-309-6